慈悲科技

Made
In
Taiwan
Tzuchi

目錄

集合，全體就應災布署——行動機具篇

別怕，有我們在——安身設備篇

呷乎飽，穿乎燒——衣食資糧篇

【推薦序】

用科技做公益，讓臺灣更美麗

羅達賢

環境與氣候變遷，導致天災頻繁，偏遠地區或弱勢群體因此需要更多關懷與協助。加上近年來資本主義走向極端，全球貧富差距越來越大，要求產業界負起企業社會責任（Corporate Social Responsibility，CSR），落實環境保護、勞工權益、社會公益的呼聲也日漸高漲。

工業技術研究院（以下簡稱「工研院」。）身為國家級研究機構，以「帶動產業發展，創造經濟價值，增進社會福祉」為己任，更不能自外於全球現況與世界潮流。因此，我們在二〇一一年成立了社會公益委員會，透過「科技應用與服務、科技教育之推廣、企業志工」三大面向服務社會，善盡科技人的社會責任。目前已與六十多個社會公益團體合作，提供科技應用等方面的服務。

慈濟基金會，就是工研院公益合作的重要夥伴之一。國際間只要有人道救援的需求，慈濟通常是最早到的團體；相對的，工研院的強項在應用，擅長把技術產業化，轉成有用的產品。因此，當慈濟志工在救援前線遇到問題，工研院的研發人員（以下簡稱「工研人」。）就運用科技幫他們解決。

雙方在二〇一二年簽署合作備忘錄。幾年來，已在淨水、環保、綠能等方面合作出不少成果，「慈悲科技」之名因此不脛而走。如Qwater淨水系統，可依據不同水質狀況，快速組裝出適當的處理單元，曾跟著慈濟人前往菲律賓獨魯萬市海燕颱風災區、新北市烏來的蘇迪勒颱風災區，進行緊急供水作業。本院機械所也因應慈濟環保志工的需求，研發出操作簡易的寶特瓶壓縮機，讓資源回收變得更方便。

因為敬佩慈濟等公益團體的精神，工研院的同仁們都是利用本職之外的時間，運用現有技術，為需要幫助的弱勢者、救苦救難的助人者研發適用的產品。

雖然本院社會公益委員會可以提供一些經費補助，但大家為公益進行研發、服務弱勢，都是無償、不領薪水，甚至是自費自假的。

好比工研院六千多名員工中，有八百多人長期當志工，院方為了同仁方便，特別准許每人每年可以請一天公假去做志工；但多年統計下來發現，這八百多人平均每年只請約兩百天的志工假，可見很多人是用自己的休假時間去服務別人。他們以科技的便利性提升救援效率，改善弱勢者的生活品質，發揚了慈悲科技精神。

慈濟志工與工研人的合作，顯示科技運用從公益角度切入，可以救人、幫助弱勢，也改善環境。有工研人與我分享，慈悲科技的研發，不是以創造經濟效益為優先考量，而是在設計之初，就考量到弱勢族群的需求。這些族群通常是較低收入、處境困難的人，因此，在研發上必需以使用簡易、成本可負擔為重點。這樣的研發需要無私付出的熱情，才能成就。

然而工研人在付出的過程中也獲益良多。有人跟著慈濟去賑災，發現受災區到處都是大體和垃圾，環境髒亂導致很多人生病。但殺蟲劑、消毒水噴多了，對人體健康也不好，於是發揮電化學

（Electrochemistry）專長，開發出把清水電解成活性消毒水的技術，既能消毒又不會有化學藥劑殘留。最後他把這項研發商品化，爾後在院方輔導下，循「創業育成」模式開設了公司。

不難想見，他如果沒有跟慈濟去做，怎知道世界上有這個需求？要做這些事呢？

工研院成立的目的，就是希望振興臺灣的產業與經濟，身為工研人的一分子，達賢期許慈悲科技的研發，不只幫助到弱勢，還能形成「慈悲科技產業」，達成救苦救難、振興經濟、增加就業機會的多贏局面。也希望青年學子、新一代的科技人發揮創造力，開發更多具體可用的技術，應對社會救助、災害防救、環境保護等重大問題，用科技做公益，讓臺灣更美麗。

（本文作者為工研院產業學院執行長，兼社會公益委員會主委）

【推薦序】

愛心善念結合科技實力

張敏忠

身為新竹區慈濟志工，曾任職於工業技術研究院，我有幸結合事業與志業，在研發、打造賑災機具方面，貢獻綿薄之力。近四、五年來，參與了工研院支援慈濟，研製行動廚房、淨水系統、鑿井設備等歷程。對臺灣研發「慈悲科技」的優勢，及背後遭遇的困難與挑戰，有不算淺的體悟。

就技術面而言，賑災機具設備所需的關鍵技術與零組件，臺灣都已經有了。因此，工研院不會針對賑災去開發一個完全沒有做過的技術，而是將院內科專計畫、專案計畫中，已經開發出來的技術，應用在救災、賑災，並根據需求去做修改。

不管是工研院還是產業界，都是整合現有關鍵技術做出成品，例如Qwater淨水系統、行動廚房等。然而，技術面理論上沒問題，實際投入卻不簡單。

首先，一般研發機構或廠商研發產品，都講究營收、獲利，也就是要有一定的生產、銷售量，有利可圖才願意投入。慈濟所需的賑災機具，量都不是很大，研發者或廠商很難從中獲利，也因此願意投入者，更顯難能可貴。

以行動廚房為例，最初規畫臺灣只需要四組，北中南東各一組就夠了。這種具特殊規格需求、數量又少的訂單，廠商通常不會接。設計者蔡堅印師兄，因此到處碰壁，找不到願意承造的廠商，最後只好自己買配件、設備，自己組裝。

其次是設計與使用的落差，一般的產品開發，通常要很清楚終端使用者需要什麼，才會針對這個需求去研發。但慈悲科技的研發者，往往不是第一線賑災志工，只能以回報描述的內容去設想。

研發者缺少情境經驗，不夠了解災難地區、貧窮國度的環境，容易導致產品不符使用的狀況發生。

例如，非洲南部辛巴威的慈濟志工，請廠商幫當地人挖井，所費不貲；我報告上級單位，由工研院協助慈濟，設計了一套較簡易、只需人力的挖井設備。雖然是很簡單的架構，但是每個鋼製組件都很重，光一個撞槌就有兩百公斤，萬一操作不當，垮下來壓到人，將造成很大的生命隱憂。

工研院與慈濟立意良善，也投入經費做出了實物，但考慮到當地志工的安全，我就建議不要往下做了。所以直到今天，辛巴威的志工還是請專業廠商挖井。

又例如慈濟的簡易屋，前前後後做了五十多種版本，最後終於做出幾個用起子、螺絲就能組裝的實用版本。由此可知，過程中一定有些問題難以克服，所以一改再改。

慈悲科技的研發專案，很多是做到一半發現有問題，只好先捨下，沒有真正上線。因此，真正能被看到、投入使用的產品，每一項都得來不易。

在無利可圖的情況下，配合賑災需求邊走邊修改，誰能不退轉地撐到最後、做出成果呢？我想，最終還是要回到人的心念，研發者如果能徹底了解證嚴法師的悲心、悲願，以佛心為己心，以師志為己志，遇到困難時，就更能堅持下去。

就如《靜思語》所說：「願有多大，力就有多大。」科技研發本來就是不容易的事，慈悲科技的產品，雖然因應惡劣環境需求，力求操作簡單、組裝運輸容易，但是背後的設計歷程，卻是一點也不簡單，甚至得比研發一般科技產品投入更多心血；也因為點滴成果得之不易，更需珍惜、善用。

很高興慈濟人文志業中心，為慈悲科技的研發書寫紀錄，也讓難行能行的無名英雄們，獲得應有的肯定與尊敬。這本書中的每一件產品、每一個研發者背後的故事，都是臺灣愛心善念與科技實力的寫照，個人很榮幸參與其中，也期盼更多產官學研先進，多了解、多參與，共襄慈悲科技善舉。

（本文作者曾任工研院產經中心跨領域研究群總監，現服務於民營企業）

集合，全體就應災布署

——行動機具篇

大地勇士

ATV救災工作車

由玩具產品發展而成的系列電影《變形金剛》，儘管續集劇情愈來愈走向荒誕，卻都有不俗的票房。為何如此？或許因為電影的設定，滿足了所有男人的夢想和幻想——擁有一輛車、伸張正義、主宰世界。

很多人小時候玩過樂高積木，基礎的零件組合，就能千變萬化出各種造型。變形金剛也是如此，他們來自外星，因為任務而降臨地球，是擁有高度智慧，又能自由變化的「汽車人」，平時隱身成一般車輛，危難來時則恢復機器人身，與人類朋友併肩作戰。

另一齣八〇年代風靡一時的美國影集《霹靂遊俠》，主角李麥克則是開著人工智慧霹靂車「影計」，共同打擊犯罪。具機動性、有智慧、能自由伸縮「變身」，就是這些因素，使之穿梭不同時空，都同樣教人著迷。

特點

能在崎嶇路面負重行駛，體積小可鑽走巷弄運送物資或運出淤泥。

應用

二〇一七年初成軍，於「救將」防救災科學營模擬救災運輸。

問題來了：

轎車救災，耗損慘重

「ＡＴＶ注意！駕駛手上車！」依循指揮者口令，慈濟急難救助隊志工像騎兵上馬般，跨上ＡＴＶ救災工作車，一個口令一個動作地進行出車前的檢視。「方向盤左轉到底！」「方向盤左轉到底！」「方向盤右轉到底！」「方向盤右轉到底！」

雖然執行的是運送熱食、物資的二線任務，隊員們的訓練卻完全「軍事化」，就連服裝、配備也有幾分特種部隊色彩。

「急難救助隊在訓練的時候完全軍事化，為什麼軍事化？是因為要『防呆』！」校級軍官退伍的志工嚴聖炎說明，複誦是為了防止聽錯口令，做錯動作，造成不必要的危險，同時也有助於記憶操作程序，熟悉裝備運作。「當你練到晚上說夢話，都會講『打空檔！』『打前進檔！』到達這種程度就成功了。」

把位居二線、負責運送物資的救助隊員，當成第一線救災尖兵來訓練，是因為實際出動時，面對的是非常險惡的環境。以當次操練地點，烏來區龜山里的新北市童軍訓練中心為例，當地位於南勢溪畔河階地，有大草坪可供露營，青山碧水相伴，本是條件頗佳的活動場地。但在二〇一五年八月，蘇迪勒颱風來襲當下，童訓中心營地後頭的龜山國小、對岸的溫泉旅館以及附近聚落，全被暴漲的洪水淹沒！

強颱遠離後，政府及民間救援力量快速動員，急著把車輛、機具開進山區，幫助鄉親重建家園。然而交通動脈省道臺九甲線受損嚴重，落石坍方、路面受損，讓很多車輛動彈不得，迫使軍方出動直升機，以機外吊掛的方式，將部分物資及機具空運入山。

為了避免堵車影響救災，負責河川事務的經濟部水利署設置了管制站，除在地居民的私家車、經過核准的救災車輛，外車一律不准進入管制區。因此，許多開小貨車前來支援的慈濟志工，就把車子放在新店、烏來交界處的停車場，再乘接駁車進入烏來老街、龜山國小等災區，或是結伴步行前往。

慈濟的行動淨水機組及操作人員，是少數獲得水利署允許，可以直接開進重災區的團隊。

為了避免阻礙臺九甲線的交通，慈濟將行動淨水機組設置在童訓中心的籃球場上。每當志工們裝好一定的桶數，嚴聖炎就開車裝載，將水運到外面的發放點。「一次送大概四、五十桶，每桶十公升。行李箱、後座、副駕駛座都塞滿了，只要車子承載得了，上得去、走得動，能帶多少就帶多少。」

顧不得負載過重、路況惡劣，他把自己的進口轎車當戰車開，一路直衝，成功地把水送到需要的地方。然而泥濘崎嶇的路面，乒乒乓乓的撞擊，卻對車體底盤造成嚴重損壞，任務結束後把愛車開去檢查，修車廠一看就搖頭，底盤、懸吊裝置、A型架全都報銷了。

解決之道：

改造ATV農用搬運車

為了賑災造成自己的轎車毀損，促使嚴聖炎思考如何在惡劣環境下有效率地遂行救助工作。他把烏來災區遇到的困難做了一番歸納——

首先，在道路受損嚴重的情況下，一般的轎車、貨車行動困難，且容易受損；其次，慈濟志工深入狹窄巷道，幫助居民清理室內淤泥，一小桶就重達十公斤以上，大家用人龍傳接方式傾倒，一天下來身體實在受不了；而在谷地內勘災、找水源時，眼睛看得到的定點，往往要走上半小時才能抵達，浪費許多時間與體力。

「有沒有什麼載具，可以在災區、狹小的地方順利通行，承載力夠且安全性高？」一般汽車不適合，騎摩托車進入泥濘地，容易摔得一身傷，排除諸多選項後，嚴聖炎找到的可用之物是全地形車（All-Terrain Vehicle，簡稱ATV）。

ＡＴＶ車輪胎寬厚、對地壓力低，可在沙灘、林間、礫石地暢行無阻，外型粗獷霸氣，不少到海邊玩的遊客喜歡租ＡＴＶ兜風，因此在臺灣，人們多半以「沙灘車」稱呼這款車輛。在歐美的ＡＴＶ越野賽中，常見選手們駕駛它挑戰超過四十五度的陡坡，一路直衝到頂，展現越野能力。

除了休閒娛樂用途，ATV也被漆上迷彩當空降部隊的突擊車。小巧的體積、不到一噸的重量便於飛機運輸，兩、三百公斤的承載力，能帶上反裝甲火箭、飛彈，與重戰車一較高下。消防隊與民間救難隊，則用它突破惡劣地形，執行勘災、搜救任務。

但若閒來無事，把ATV駛上省道、縣道，警察看到了，就會盡忠職守地奉送一張罰單。因為按照臺灣現行法規，ATV既不是汽車也不是機車，不能當一般交通工具開上路，使用者只能在特定的範圍，或特殊狀況下使用它。

因此，ATV很少出現在人來車往的市區，但在遠離城市的農田、果園，不少農民喜歡拿它當「鐵牛」用，穿梭田間載運肥料、種子、穀物、果實等重物，生產廠商也因應消費者需求，推出ATV型的農用搬運車。

在法令規範與廠商考量的特殊因緣下，嚴聖炎尋尋覓覓，最後出乎意料的，在二〇一五年十月底的雲林縣農業機械展中，找到了合適的車型。

製造商陳慶漳老先生，高齡近八十，雖已把事業交棒給下一代，但依然精神矍鑠，站上展覽第一線推薦自家產品，因此遇到嚴聖炎。雙方簡短對談

全地形救災工作車

- 車身235×115×112公分
- 297公斤重，安全載重200公斤

輪胎及懸吊系統

每個輪子有獨立懸吊系統，輪胎寬度遠大於一般機車
四個輪子接地面積相當於一輛1.75噸小貨車
對地壓力小，不容易陷入泥淖

引擎

272c.c. 水冷＋航太陶瓷汽缸
輸出18匹馬力，可行駛在泥濘路面或河床上

後輪驅動部位

慈濟版全地形車之「齒輪比」從一般全地形車的1：3調降到1：5，最高時速降到20公里，但扭力加強，適合在崎嶇路面負重行駛

原圖提供：合騏工業

交換名片後，相約工廠再見，就這麼開啟了合作歷程。

懷著歡喜的心情，嚴聖炎來到陳慶漳位於嘉義縣義竹鄉的製造廠。當地鄰近布袋鎮海灘及龍宮溪入海口，許多土地未經開發建設，保有崎嶇不平的原貌，因此陳慶漳及旗下主管同仁，經常開著ATV樣車勇闖附近荒地，對自家產品進行最嚴苛的測試，多年磨練下來，造就了實在可靠的品質。

限時考題：

老董事長身先士卒

曾經，陳慶漳以實際行動護持救災。二〇〇九年莫拉克颱風肆虐後，臺灣西南部沿海鄉鎮淹水嚴重，許多低窪地區覆上了厚厚的泥土。路面崎嶇泥濘不堪，一般車輛很難通行，而ATV的高機動性，正好可以派上用場。

那時六輪驅動ＡＴＶ剛做出樣車，只待測試完成即可投入生產。有感於災區需求孔急，陳慶漳催促員工加快進度，希望早點做出可用的車輛，大家一起到南部載運賑災物資。他身先士卒，跨上測試車往崎嶇不平的測試場疾駛而去。

然而人算不如天算，就在他卯足全力試車的當下，意外發生了！腳踏板部位的焊接點，承受不住接二連三的震盪而斷裂。零件的破口銳利如刀，在他左小腿上劃出一道長約二十公分，幾可見骨的傷口，一時血流如注。

由於事發地點一般車輛無法進入，員工及救護人員費了一番功夫，才把陳慶漳抬上救護車。一場意外，讓年事已高的他險些成為殘障人士。因為腿傷嚴重，需要時間復原，率隊開ＡＴＶ前進災區的行動，也只能忍痛放棄。

「後來張君雅基金會，跟我們買了四部，捐贈給中華搜救總隊。」大女兒陳昱績回憶道。當時應客戶要求，做給搜救總隊的ＡＴＶ車，就是原本要投入莫拉克災後援助的六輪驅動車型；而慈濟委製的救災工作車，則是四個輪子，後輪驅動的版本。兩相比較下，不難發現第一線救命者與第二線支援者需求的不同。

儘管性能不像搜救用車那般「威猛」，但慈濟志工的要求，依然遠高於一般水準。負責慈濟ATV專案的林經理表示，以往製作ATV，引擎規格大多不超過一百五十C.C.，有時也會因應外國客戶要求做更小的版本。

好比寮國客戶就告訴他們，咖啡樹間距三公尺左右，卡車進咖啡園不方便，而ATV寬度僅一公尺多，就很適合開進園，用於除草、施肥、採收等工作。公司應對方要求推出一百C.C.簡易版，在當地使用遊刃有餘，一輛就能抵得上十到二十人的工作量。然而用於災難環境，一百、一百五的引擎，就有些不夠力。

驗收過關：

「超載」實驗，確保安全

「我們本來是用一五〇的引擎，慈濟志工在河床地測量，發現有些地方

ATV 重量輕，但使用寬大輪胎，對地壓力小，不易陷入泥淖，符合休閒、農用、軍用、救災等多重需求。

爬不上去，所以換成排氣量較大的兩百七十二C.C.引擎。」因應需求，陳慶漳的設計團隊，不僅改換引擎，也在安全性、負載強度等方面下功夫。

「這車經常載重，為了確保在坡地停車不會有問題，我們特別設計一個和汽車一樣的機械式手煞車，不會對油壓系統造成負荷。」林經理表示，為了確保安全，團隊在測試的時候，還特別進行「超載」實驗。

「志工們要求一輛車要能載兩百份的香積飯，再加兩百人份的飲水。山區一個小村莊，派一輛車子進去就夠了。」

為了確保安全，慈濟ATV救災工作車設定的最大負重量，不超過兩百四十公斤，嚴聖炎也建議志工們在使用時，載重盡量不要超過兩百公斤。

但工作人員在測試時卻刻意超載，把三百五十公斤重物搬上車，觀察在超負荷狀態下，車體結構是否撐得住？還刻意將嚴重超載的樣車，停在十五度坡地上測試煞車性能，並進行上坡起步測試，確保不會「倒退嚕」。

慈濟ATV沒有採用四輪驅動設計，但每個輪子都有獨立懸吊系統，輪胎寬度遠大於一般機車，四個輪子的接地面積相當於一輛一點七五噸小發財貨車，但兩百九十七公斤車重加上兩百多公斤的載重，總合不到六百公斤，因此對地壓力比一般貨車小很多，相對的也就不容易陷入泥淖。搭配上兩百七十二C.C.引擎輸出的十八匹馬力，可以無礙地行駛在泥濘路面或河床上。

由於臺灣法規不允許ATV車開上馬路，加上主要用途是在不平的地面上載運物資，高速性能沒有太大用處，因此嚴聖炎請設計團隊，把「齒輪比」從一般ATV車的一比三調降到一比五，也就是同時間內引擎轉五圈，後輪才轉一圈。經過一番改裝後，ATV的最高時速降至二十公里，相當於騎腳踏車的速度，但扭力加大，更適合在崎嶇路面負重行駛。

「我們不是要到非常極端的環境，或者爬坡四十五度，而是要送飲水、物資、毛毯，要求的不是快，是安全。」不求快但求穩的設計需求，源自於多年的急難救助經驗。嚴聖炎發現，臺灣本土人口密集，若以第一線前進指揮所為圓心，一公里為半徑劃定範圍，頭待援的人數就成千上萬了。

換句話說，救助志工不必長途跋涉，光是在眼睛看得到、腳走得到的地方，就有很多事可以做。也因為臺灣災區，多半具有範圍小、人口多、巷道窄、往返距離短的特性，大型貨車在這樣的環境下運作多所不便，若能以大

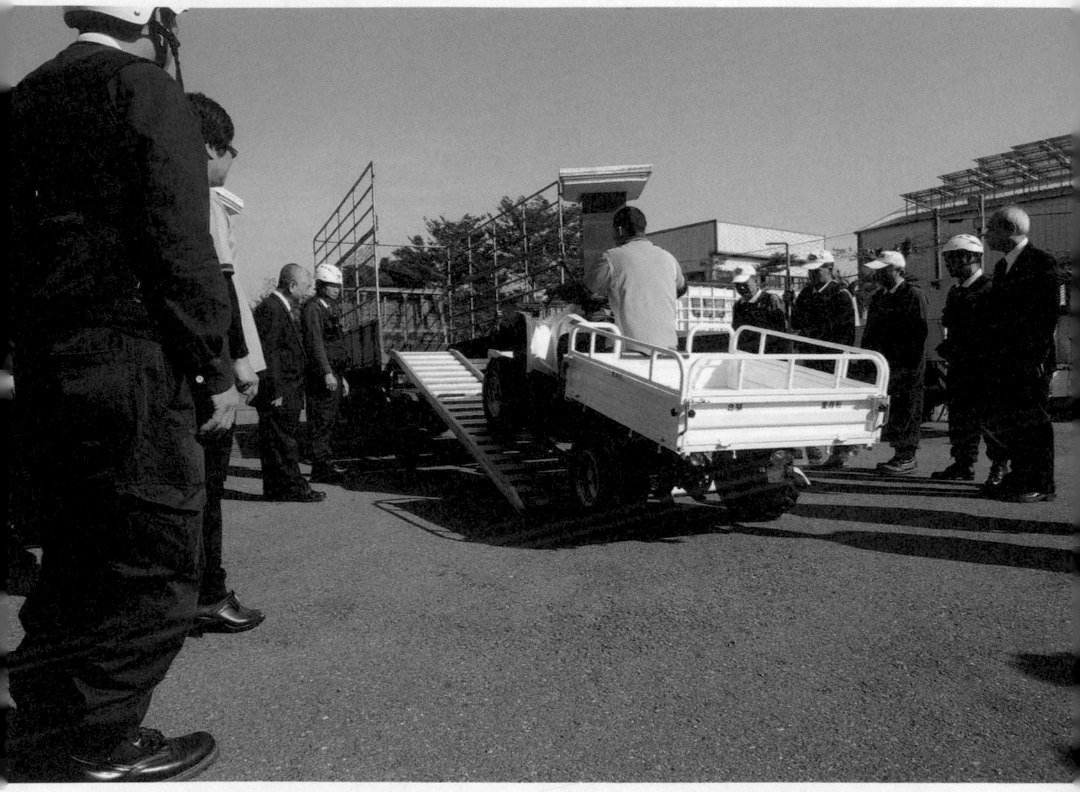

ATV 車速較慢，依法不得開上一般道路，需仰賴卡車運輸，上下卡車是駕駛者必備基本技能。

量的小型載具，頻繁往返載送物資，就能有效提升賑災效率。但小汽車、小貨車進出窄巷仍有不便，泥濘地上騎機車又怕摔，體積小又有四個寬輪子的ATV正好用。

加強功能：

「蜂巢式」運作概念

早年慈濟志工往颱風、地震災區送熱食，通常是一輛三點五噸貨車，載上千份便當，跑五、六個村里。在路況不是很理想的狀態下，駕車的志工為了確保人和物資的安全，只能放慢速度，如此一來，點與點之間的交通時間勢必拉長。

加上抵達定點之後，發放食物、慰問受災鄉親、了解情況，又要花一點時間。等到駛抵最後一、兩個定點時，往往已錯過用餐時間，鄉親飢腸轆轆，而熱食早已失溫變冷。

非常時期，運輸速度慢、時間久或許無可厚非，但意外的變數卻不容忽視，一旦車輛因機件故障或其他事故無法動彈，大量食物也就跟著卡在半路上，屆時緊急派人、派車轉運，又得大費周章。

為了讓ATV發揮最大的功能，嚴聖炎構思出「蜂巢式」的運作概念，一個ATV救災工作組由一輛「勘災指揮車」加上四到五輛配備貨斗的「運輸車」組成。

接獲救助指令後，先把ATV開上三點五噸以上貨卡，運抵第一線工作站。完成勤前教育分配責任區後，即裝載熱食、物資分頭駛向各自負責的區域，進行發放及救助工作。「如果派五臺ATV出去跑五個村落，一次就到位了。出車後第一優先是通信聯絡，距離遠、地形複雜的話，我們會裝車用天線。」嚴聖炎簡要說明「蜂巢式」運作的優勢與要點。

以一個飯盒四到五百公克的重量計算，一輛救災工作車即可遞送三、四百人份熱食。若一整組運輸車同時出動，就可在半小時內抵達方圓五公里內四到五個發放點，在一小時內送完一、兩千份熱食返回工作站。

其間若有一、兩輛車透過無線電通報，因車輛故障或道路受阻無法前進，其餘車輛及組員還是可以完成分內的任務，避免「所有雞蛋集於一籃」的風險。

除了運送熱食，ＡＴＶ也是清除淤泥、土石的好幫手，只要把車子開到受災戶家門口，志工就能把鏟出來的淤泥倒在貨斗，然後載去指定地點傾倒，無需排人龍用手接力傳送，省時又省力。

為此，嚴聖炎特別請陳慶漳在貨斗的傾斜角度上多花點心思：「ＡＴＶ車身不是很長，貨斗傾斜角度就抓二十五到三十度左右。一打開，用鏟子輕輕一撥，頭裝的土石就可倒出。」

慈濟人的需求，陳慶漳幾乎照單全收，為了測試未來要用的ＡＴＶ，慈濟南區救助隊，特別會同研發團隊，來到臺南市安定區中山高速公路橋下的曾文溪河床，把ＡＴＶ開上凹凸不平的卵石地，一方面測試性能，一方面訓練種子教官。

雙方「邊走邊整隊」，彼此激盪腦力、磨合想法，終於做出符合救助需求的ＡＴＶ。「涉水深度可達四十五公分，在送物資時提供很大的方便。」

南區慈濟志工王壽榮，曾在發送熱食時，乘坐當地里長提供的耕耘機越過積水，對急難救助的困難感觸頗深，因此更加敬佩陳慶漳的全力配合。

「但我們還是戒慎虔誠，祈求天下無災無難。如果真的有了災難，這項設備就可以讓受災受難的人，提早得到慈濟的愛與關懷。」王壽榮語重心長地說。

二〇一七年元月二十五日，陳慶漳公司出品的六輛ＡＴＶ救災工作車，包含一輛賑災指揮車及五輛運輸車，正式捐贈給慈濟，交由急難救助志工使用。「這車是救災用，希望臺灣以後平靜過日子，不必再救災了。」陳慶漳簡短數語，為眾人獻上祝福，接著將慈濟標誌的貼紙，貼上潔白的車身。

「駕駛手上車！」依循指揮志工的口令，慈濟南區急難救助隊隊員發動引擎，像閱兵般在廠區大門廣場繞了一圈，隨即順著登車梯駛上貨車，熟練的操作，贏得眾人掌聲，也象徵著慈濟人急難救助的序列，又多了一批機動

慈濟版ATV定型前，製造廠商先提供現有車型，讓急難救助隊志工於曾文溪河床練習基本操作，並聽取使用者意見，以進行後續修改。（攝影／郭明娟）

生力軍。

「它載重穩，速度夠快，扭力也夠大。能把物資很快帶到各定位去，節省了很多人力。」接收ＡＴＶ之後，慈濟志工立即將它投入「救將」防救災科學營活動，用它來搬運摺疊床、太陽能路燈零組件等粗重物資，並藉機操練賑災運輸技能。約略估算，原本一百人才能完成的場地布置工作，在投入ＡＴＶ工作車後，僅需四十人即可，節省了百分之六十的人力付出。

而志工們駕馭ＡＴＶ的表現，也在無意中示現了臺灣災害防救「以機械取代人力」的新趨勢。特別是目前老年人口占總人口的比例，已高於幼年人口，未來能投入救災、家園重建的青壯年人口比例，將會日漸下降。然隨著氣候變遷，災害的頻率卻變得更頻繁，規模也更大、更嚴重。與其用更少的年輕人力，去承擔日益繁重的救災工作，倒不如善用動力機械，如現有的ＡＴＶ、新開發的機械人，以降低對人力的需求。

若能把粗重的工作交給機具去做，讓人從重複的勞動工作中解放出來，去做「人」更能發揮的事，如膚慰、關懷，將是未來防救災難、安身安心的可行之道。

在二〇一七年春的「救將」營隊中，慈濟急難救助志工，指導學員駕駛ATV，模擬賑災運輸作業。

非常食期

模組化行動廚房

著名日本漫畫並改編成劇集的《深夜食堂》，賣的只有固定一種菜單，但是如果客人提出需求，老闆會嘗試做出各種菜式來。

一份煎山藥、一碗雞蛋拌飯、一人小火鍋……也許不起眼的菜式，卻是路人甲乙丙、爆肝小職員、基層夜間工作者，在夜深人靜、思念遠方親人或想起前塵往事時，腦海中懷念的唯一滋味。

香香的、熱熱的、可口的一道煮菜上桌，頓時膚慰了市井小民的胃，溫暖了人們的心。

想家的時候、困惑難解的時刻、心情鬱結的當下，或是遭逢變故時，來一口熱食，暫解身體的疲乏，腸胃動起來，腦子開始活動，困難好像也跟著舒緩了。

無論如何，食物讓人有了開始下一個動作的力氣……

特點 三小時內能提供九百人餐點，整個機組可讓小貨車載著跑。

應用 復興航空南港空難搜救現場、臺南維冠大樓震災搜救現場。

晦暗的天空，低而厚的雲層，像無邊際的灰幕，將苗栗市區籠罩在一片低迷中。無情東北風，忽大忽小的陣雨，搭配十三度低溫，凜冽得令人直打哆嗦。這是二〇一七年二月二十五日下午兩點多，「救將」防救災科學營從臺中移師苗栗後，直接面對的惡劣氣象。

如果要在臺灣本地，模擬安置敘利亞難民的作為，體會飢寒交迫的艱困，如是淒風苦雨，就是最接近現實的景況。天氣又溼又冷，不過營隊學員們還是活力十足，特別是擔任「總鋪師」的人。

「這個葉梗要先炒過，變軟了再放進菜葉。」「加點水。」「要滾的水還是冷的水？」「好了嗎？火要關掉了！」

不畏低溫和冷雨，不在乎洗菜水冰得要凍掉手指，十幾個餐食組員忙進忙出。他們不是在室內的廚房煮菜，而是用露天擺放的「行動廚房」做料理。十幾個人都穿上了透明的輕便雨衣，一方面擋雨、一方面防風，在最接近實際災難的場景中，為全營隊兩百多位學員及工作人員準備晚餐。

救將營隊各功能組中，這一組發揮的空間很大，但如果時間到了飯菜出不來，大家就要「喝東北風」了。

「我們強調三小時上四菜一湯，出九百份以上的餐盒，有沒有這功能，要看各位的表現了！」下廚之前，行動廚房的設計者蔡堅印，先對學員們激勵幾句。

說起這套機具，用過的人都不會懷疑它的能量，曾在一個上午提供上千人飲食，而今要餵飽兩、三百人何難之有？更何況現場的機組有三臺之多。出動這等豪華陣容，可見籌辦活動的慈濟志工用心良苦，而前一晚才成軍的學員團隊也不負眾望，及時端出了義式番茄飯、古早味菜飯，搭配炒高麗菜、炒地瓜葉、木耳素肉、馬鈴薯泥等配菜。

色、香、味俱全的料理，引得眾人食指大動，約莫半小時，盛裝食物的大鐵盤就已盤底朝天，大飯鍋也剩飯不多。讓人深刻體會，在最困難無助的時刻，一份家常的熱食，可以振奮人心、膚慰傷痛。

從首梯次救將營隊到這最後的第三梯次，新竹區慈濟志工蔡堅印，及他精心研製的行動廚房，始終跟著團隊南北奔波。除了發揮供食、演練的功能外，他也藉著難得的實作機會抓問題，改進瑕疵，使「行動廚房」更臻完美。

問題來了：

就地煮食，安全有疑慮

「第一代叫大愛餐車，就是一臺卡車！」談起行動廚房的研發歷程，蔡堅印從多年前的九二一大地震說起。強震在深夜一點四十七分爆發，全臺慈濟志工不待旭日東升就展開急難救助，負責煮食的香積志工，進駐會所廚房開火煮大鍋菜，用工廠生產線的方式趕製一批批飯盒，送上小貨車直奔受災民眾聚集處。

而在距離「中央廚房」較遠，或交通受阻的災區，當地慈濟志工就找個空地，搬來瓦斯和快速爐，擺上鍋碗瓢盆，就地開鍋煮食。

非常時期救人為先，志工忙著為受災者、救難人員供食，無暇顧及安全細節，證嚴法師親臨中臺灣災區，看見「臨時廚房」管線紊亂、大人小孩雜沓的景象，非常擔憂：「那些地方都很窄，一大鍋水在那滾，菜也在那切、那煮，瓦斯管交錯重疊，若不小心踢倒，真的很危險。」

同樣的情形，不只出現在九二一災區，颱風侵襲後的受災鄉鎮也常見。證嚴法師為了確保志工及受災民眾安全，推動兩個解決方案：一是在慈濟各會所、環保站廣設廚房，以廣布各地的大小「中央廚房」，取代隨地埋鍋造飯的作法；其次就是設置「行動廚房」，把鍋具、瓦斯、火爐集成一體，哪有需要就往哪去，兼具機動性與安全性。

以臺灣的機具改裝技術而言，要做行動廚房輕而易舉，只需兩噸以下的中古小貨車，裝配不鏽鋼廚具，花個幾十萬，就能把瓦斯桶、快速爐等工具搬上車。

這種俗稱「小發財」的貨車，體積小適合穿梭街巷，只需普通小型車駕照，許多賣小吃的人拿它改裝成餐車，賣咖啡、三明治，賺上班族的早餐錢。「小發財」成本低，具備機動靈活的優勢。但兩噸不到的車體載臺，實在承載不了慈濟人急難救助的需求。「它是一人份一人份地出，但我們要供應的是『大家庭』，一出餐就千人以上。」

承擔設計任務的蔡堅印，道出了行動廚房的設計基準。供食量大，相對的鍋具、廚具的量體也要夠大，但又不能大到難以運輸，其間的拿捏頗費心思。而更大的難題是，他雖然從事汽車修護行業多年，對車輛的疑難雜症了如指掌，卻從來沒有做過設計、改造的工作，甚至連機械製圖都不會。

然而憑著「以師志為己志」、「有事弟子服其勞」的使命感，加上自己對車輛設計的好奇心，蔡堅印勇敢地接受挑戰。

解決之道：

打造一應俱全的廚房車

他首先設想了兩個方案，其一是把車體和廚具合而為一，就像市面上的餐車一般，開到哪，煮到哪；第二是打造一部無動力廚房車，需要時以其他車輛拖曳，拖到現場之後再開鍋煮食。自走式和拖曳式，各有各的優缺點，取捨之際，正好有人捐了部六點四噸的卡車，蔡堅印就先拿它嘗試，改裝成自走式餐車。有了實驗平臺，腦中浮現一個又一個加減乘除問題：「一鍋飯五十人份，那煮九百人份，需要多少時間和配備？若是早上八點開始煮，十一點就得出爐，如何讓烹煮流程順暢？」

因為當過「香積」志工，煮過大鍋菜、大鍋飯，他對餐車上該有哪些用具、該配哪些東西並不陌生。但要把想法具體化，卻不是件簡單的事。因為不會繪製專業的機械構造圖，蔡堅印硬著頭皮，就著手繪的草圖向證嚴法師報告。法師了解初步概念後，請他繪製立體圖，這下真的被考倒了。試想，連手繪2D圖都很吃力了，又怎能畫出更高層次的3D圖呢？

蔡堅印趕緊邀請具有設計專長的志工夥伴助陣，一組三人花了近兩個月密集溝通，終於突破瓶頸將抽象的設計概念具象化。為了符合交通法規，設計小組在車體高度、寬度、容量、重量等都下了一番功夫，只要按部就班施工，通過監理處的檢驗，就可以安心開上路。證嚴法師聽取簡報後，指示先用木板試作。

經過一番裁切、組裝，一部高度一樓半的龐然大車駛入眾人眼簾。蔡堅印打開車廂兩旁的側板，往上掀的部分成為遮雨棚，往下展開的就是烹調者站立的踏板，電鍋、瓦斯爐、流理臺等一應俱全，如果按原樣改成不鏽鋼材料，就是可為上千人供餐的行動廚房。

不過證嚴法師一眼就看出缺失：「這麼高怎麼可以？」由於六噸級貨車底盤高度及腰，蔡堅印等人順勢設計，工作區高度離地將近一公尺，煮食者進出都要走一小段階梯，做菜時不小心就可能往後跌落摔傷；而且駕駛六噸半的卡車，需要大貨車駕照，大大限制了人力的運用。

大車不合用，蔡堅印改以環保志工普遍使用的三點五噸貨車為載臺，嘗試更精巧的設計。他將工作區踏板改良成可調式，不管是身高一八〇以上的大個兒，還是不足一六〇的嬌小身材，都能調整活動空間，舒適、安全地發揮廚藝。

為了滿足賑災時快速供餐的需求，新的三點五噸餐車，配備有三個五十人份飯鍋、兩組大型快速炒爐與直徑兩尺半的大鍋、兩組快速湯爐。容量一噸的水箱、搭配加壓馬達、進水抽水馬達及簡易淨水器，組成衛生安全的供水系統，並具有夜間照明設備、排油煙機及散熱裝置，可供四個人同時站在平臺上煮食。

從一九九九年九二一大地震後研發，到二〇〇一年三點五噸級「大愛餐車」通過檢驗開上路，蔡堅印花了兩年的時間，挑戰不曾嘗試過的事，其間的困難與瓶頸，如人飲水冷暖自知。

慈濟第一輛餐廚概念車，以六點四噸貨卡改裝，工作人員站立處離地高，安全性不足。（照片翻拍／陳添福）

出勤狀況：

演練機會多，實戰經驗少

由於供食能量夠強、機動性高，「大愛餐車」很快就在慈濟的大型活動中發揮良能。

二〇〇一年八月，慈濟音樂手語劇「父母恩重難報經」於新竹公演時，這部車首次上場，為近三百位演員及工作人員提供餐食。臺北慈濟醫院景觀工程施工期間，它也進駐到新店的院區，承擔廚房工作長達一個月。

更特別的是，由於大愛餐車常駐慈濟竹東聯絡處，距離湖口的裝甲兵基地不遠，每當政府在新竹地區舉行災害防救演習，動員軍、警、消及民間力量聯合演練時，大愛餐車就經常接受「教召」，跟著來自四面八方的推土機、挖土機、裝甲車、消防車操演，甚至排在車陣接受校閱。

「不管軍方或一般急難救助單位，都覺得這部車很棒，常常邀請我們去參加救災的演習。」蔡堅印語帶自豪地說。

如果把救災比喻為「實戰」，大愛餐車可說過了十幾年「太平日子」，拜各地慈濟會所廣設廚房之賜，它出勤應災的必要性大大降低。除了支援慈濟在新竹或其他地區舉行的大型活動、參加災害防救演習外，大部分時間都是停在車庫。因為使用率低，大愛餐車至今只有一輛而已。

精心打造的大愛餐車幾無用武之地，蔡堅印不覺失望反倒相當慶幸，因為那代表臺灣相對平安，不需要用它救災。

及至二〇一〇年後，其他志工與產學界熱心人士，陸續研發出行動淨水機組等賑災設備，點燃了蔡堅印沈寂已久的設計熱情。

他思索著：「第一代餐車是不是太小，所以派不上用場？如果是這樣，

三點五噸餐車，配備飯鍋、快速炒爐、快速湯爐，可供四個人同時站在平臺上煮食。（攝影／劉守錦）

乾脆換大的，把發電機、冷凍庫、冷藏室、帳棚都裝上去。」

為了承載更加「豪華」的配備，他把載臺規格調高到十噸以上。如同第一次打造餐車，蔡堅印與新加入的設計志工張敏忠，興沖沖地向證嚴法師報告，而法師也一針見血地指出不足之處：「開在臺灣的路上還可以，但到國外就沒辦法了。」

所謂的國外，不是先進富裕的國度，而是極度貧窮落後，全國沒有幾條像樣道路的地方。蔡堅印曾參加慈濟賑災團，前往柬埔寨、北朝鮮發放物資，經歷過路不成路的崎嶇，因此師父所說，他一點就通。

變更設計：

改採廚房與車體分離

捨棄打造大型新車的構想，回頭檢視現有的餐車，蔡堅印和夥伴們發現，當初把車身和廚具合而為一的作法，並不是最好的設計。

「我們不像做生意的快餐車，天天都會使用。這輛車和廚房綁在一起，不能用於其他用途，每年只用一、兩次，很可惜啊！」志工柳宗言提出看法。

記取先前設計的不便之處，柳宗言建議蔡堅印改採廚房與車體分離的概念重啟設計。相較於全臺只此一輛的大愛餐車，慈濟環保志工所擁有的三點五噸貨車，多達九百多輛。這些車平日在社區當「環保車」載送資源回收物，一旦有了災難就變身快速運輸部隊，把食物、飲水、清理工具運到受災區。

好比二〇〇九年八月莫拉克颱風肆虐後，慈濟就採取高鐵載人、環保貨車載機具，將人力、物力快速運抵南臺灣佳冬、林邊等受災區進行清理。如果把廚房設備，做成一個可用小貨車載運的獨立方塊，那千百輛車皆可為其所用。不同地區的志工們只要彼此聯絡好，就可以用接力的方式，把廚房機組載到多個地方，使用完畢後再派車將它載回駐地。

要讓小貨車載著跑，廚房機組的長寬勢必得比車斗小一號，高度也要仔細拿捏，以免上車後因重心過高危及行車安全。憑著先前累積的經驗，蔡堅印把二代行動廚房設計得更緊貼。整個機組收攏時，僅是一個白色外殼附帶太陽能板的大鐵箱，張敏忠將它設計成一套由六個模塊組成的小型廚房，那模塊可以是蒸籠、湯鍋、炒菜鍋等炊具，供使用者自由選配。

蔡堅印於是調配出「本土版」的行動廚房模組——兩個五十人份飯鍋、兩個大灶、一個湯爐、一個蒸籠，特別的是古早味的大灶，可以在沒瓦斯的情況下燒柴煮食。電力部分則由太陽能板及蓄電池提供，不必外接電源，可以在沒電的地方，全時段運作。

重新設計後，二代行動廚房體積略小卻功能不減，供餐的標準，一樣是三小時內，為九百人提供四菜一湯。但若遭遇上萬人的急難事件，操作的人就不炒菜了，轉而把所有鍋具用以煮開水，沖泡速食的「香積飯」，同樣用三小時時間，可以讓上萬人免於飢餓。

蔡堅印十四歲成爲修車學徒，從事本行達五十年，未受過機械專業教育，不懂機械製圖，完全以手繪方式畫行動廚房設計草圖，逐步落實腦中的構想。

成品測試

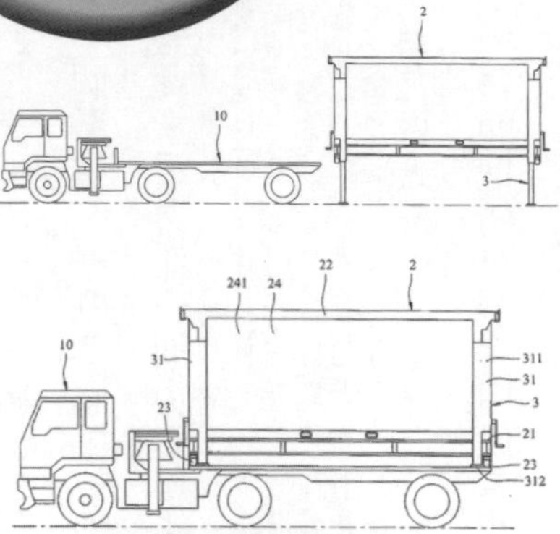

5. 外部箱體設計

包含側板、電動油壓腳架、懸臂等機械裝置

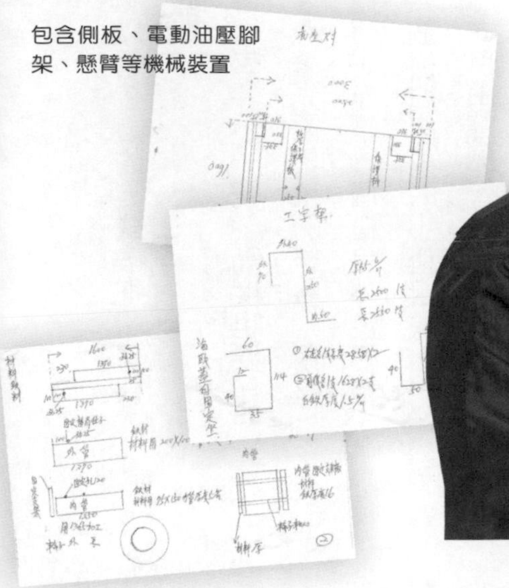

從手繪到實體

素人發明家 蔡堅印的夢想廚房

1. 評估餐食需求

力求在最少時間內提供最大量，必須在三小時內供應九百人餐食

2.計算所需配備

根據餐食需求量，預估裝配之廚具種類及數量

3餐車空間規畫

按照裝載廚具模塊的需求、3.5噸貨車之承載能力以及貨斗規格，規畫廚具設備配置空間

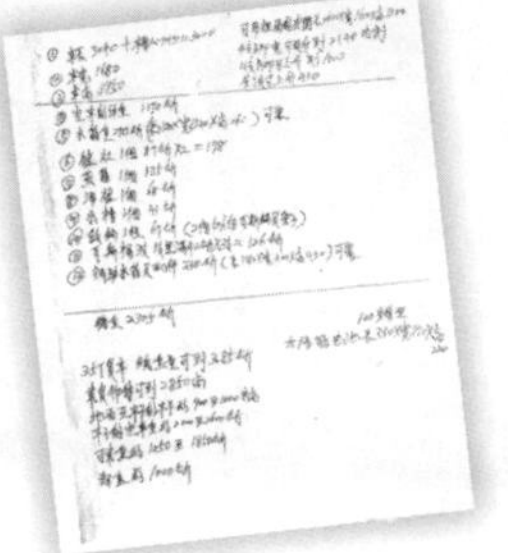

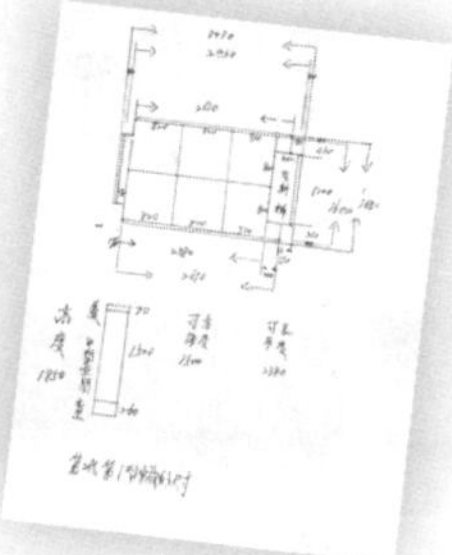

4.尋找協力廠商製造廚具

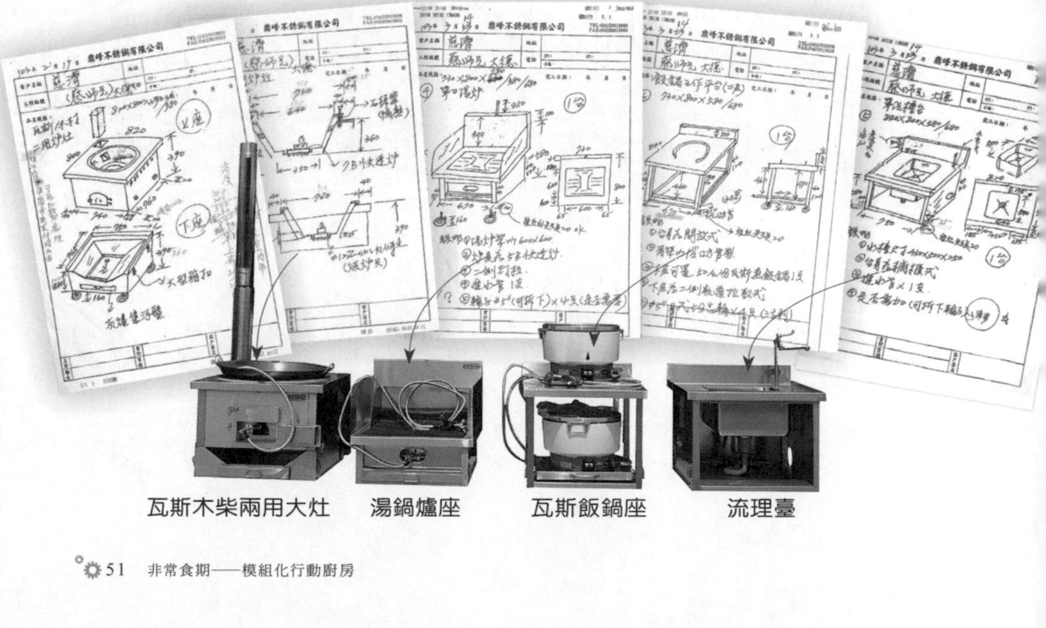

瓦斯木柴兩用大灶　湯鍋爐座　瓦斯飯鍋座　流理臺

蔡堅印最滿意的亮點，是那能屈能伸的升降系統：「它有四支腳，可以延伸拉開。臺灣的卡車最寬是二點五公尺，這個機組可以拉到二點八公尺寬，高度可以升到一點一公尺，拉開升高後，卡車車斗就可以進去，不需要堆高機、吊車。」

「餐車底部附有一噸容量水箱，用水時以手動幫浦，打到上面副水箱，藉由重力下來，打開就有水。入水口則是四分、五分、六分寬度的水管，通通適用。」柳宗言補充說明。

救援線上：

熱食熱飲，美意不打折

二代行動廚房在二〇一三年推出，二〇一五年二月首次投入救災，支援復興航空南港空難救援行動。當時北區慈濟人在鄰近事故現場的會所，做好熱食、熱飲後，用小貨車載到救災前線。但那幾天寒流來襲氣溫超低，加上墜機地點位於基隆河道，周邊空曠沒有屏障擋風，熱食熱飲在無情冷風吹拂下，很快就涼了。

救難前線需要穩定的熱食供應，慈濟救災協調中心於是聯絡新竹區志工，把行動廚房運到臺北支援。機組和人員抵達南港現場，是晚間八點多。儘管基隆河畔淒冷依舊，但用行動廚房現煮現做，大幅縮短熱食暴露在低溫中的時間，確保祛寒效果。

剛上岸的消防隊員，一碗蘿蔔熱湯下肚，失溫顫抖的身體慢慢恢復了精神，「簞食壺漿」以迎勇者的慈濟志工，也露出了如釋重負的笑容。

救災機具派上用場，對設計者來說，其實是一種遺憾，但也正因為有這些利器做後盾，救人的人在面對險惡環境時，方能維持能量，為搶救生命繼續拚下去。

復興空難一年後，行動廚房又再次出動，馳援臺南市永康區維冠金龍大樓的震災救援，成為受災者、救難者乃至採訪記者不可或缺的能量補給站。

「我們去臺南賑災，現場三餐的便當由臺南靜思堂的中央廚房供應，那兒距離現場很近，車程才十五到二十分鐘，下一餐要幾人份馬上登記；我們在現場就煮熱湯、薑湯。」

當時是農曆春節期間，受災戶已無心情過年，焦急地等待救難人員突破水泥障礙，把親人從倒塌的建築物中救出來。慈濟志工則執行陪伴家屬、為罹難者助念、供應熱食等二線工作。

「你們有沒有東西可以吃？」兩名飢腸轆轆的報社記者，來到慈濟的行動廚房求助。已是晚間八點多，靜思堂的廚房已經停止供應便當，在場志工能提供的，頂多是一些熱飲熱湯。

「不然這樣，我煮麵。」柳宗言開了包「關廟麵」，用行動廚房的鍋具現煮，白色的麵條在滾水裏翻騰。幾分鐘後麵煮好了，柳宗言再奉上親手沖的熱咖啡。

「那天晚上開始煮麵後，我發現熱湯可以用汽化爐加熱，這邊就完全在下麵。」柳宗言回想，當兩名記者「起頭」後，再來就應接不暇了，清運瓦礫的卡車司機、暫時退下休息的救難人員，都湧到行動廚房，請慈濟志工提供麵食和咖啡。

「這不就是……」柳宗言回眸一看，漆黑的夜、溫暖的燈光、飄散香味的食物，像極了日劇《深夜食堂》的場景，影片中犧牲睡眠，為晚歸者、失眠人供餐的食堂老闆，不僅照顧食客們的胃，也傾聽他們的心聲，用溫暖的回應療癒他人受創的心靈。而當下志工們在做的，不就是同樣的事嗎？

「我們來做一個『深夜食堂』賑災版吧！」柳宗言抓住瞬間的感動，將想法發送給群組內的好友，隨即獲得眾人正面回響。

最新的行動廚房模組，採取車體與廚房分離的設計概念，任何三點五噸以上卡車均可輕易載運。

「因為救災人員是二十四小時不停歇，晚上會肚子餓，到凌晨還會想再吃。就延長服務時間！」

柳宗言表示，晚上氣溫很低，就算有便當也已冷掉，大家都想吃熱湯麵，因此麵愈煮愈多，一次下鍋都二、三十碗的量。當時使用的行動廚房是為海外慈濟人「客製化」的版本，配備了六個大鍋。「我們開了五鍋來煮麵，剩下那一鍋煮開水，燙洗環保碗消毒。」

從二月十日運抵現場，到十三日搜救任務結束，「深夜食堂」收攤，柳宗言已不記得總共煮了幾碗麵，只知道有一個晚上煮了兩百七十餘碗，而志工們送出去的手沖咖啡，總計有七千多杯。

當然，供食的數量不是重點，堅持不退，與受災者、救援者站在一起，膚慰憂勞創痛的誠心，才是最感動人的。

「這一臺是特別為辛巴威客製化的，當地的朱金財師兄做很多事，其中一項是供餐給窮人、孩童。他們通常只煮一、兩道菜，可是飯量很大，所以炒菜鍋只留一個，蒸籠改為儲物櫃放六個鍋子。這六鍋煮好發出去，馬上接著六鍋下去煮。」

頂著深夜十度出頭的低溫天氣，柳宗言向救將營隊的學員們，講解行動

二〇一六年在臺南強震搜救現場附近，慈濟志工用行動廚房開設「深夜食堂」，供應熱食支援救難人員及受災者。（攝影／柳宗言）

廚房的研發歷程。從唯一的一輛「大愛餐車」，到因應辛巴威、馬來西亞、菲律賓等國志工需求而「客製化」的模組化行動廚房，設計概念都是「邊走邊整隊」。

「做這個沒有市場，就是給慈濟志工去發揮。」回顧一路走來的歷程，蔡堅印自嘲，以前不懂繪圖，到現在還是不會畫。但秉持「做就對了」的信念，專注於自願承擔的使命，學徒出身沒有顯赫學歷的他，終究超越自身極限，打造出連專業機械工程師都驚歎的作品。

客製化的行動廚房

臺灣

包括兩個五十人份飯鍋、兩個大灶、一個湯鍋、一個蒸籠，其中古早味的大灶，能在沒瓦斯的情況下燒柴煮食。

辛巴威

志工長期濟貧，米飯量需求大，因此配備六個瓦斯飯鍋；另有流理臺、瓦斯木柴兩用大灶、大型炒鍋、鍋具儲藏櫃各一。

馬來西亞

二〇一五年大水患後，慈濟人因應賑災供食需求，儲備行動廚房，配備與臺灣版相同，但側板加裝小遮板，展開後可拉出增加遮蔽面積。

菲律賓

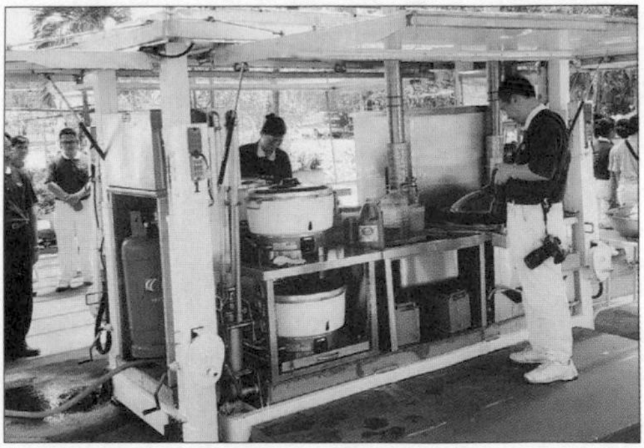

因應貧民窟火災頻傳，隨時出動供應熱食，裝配四個瓦斯飯鍋，瓦斯木柴兩用大灶兩組，流理臺、鍋具儲藏櫃各一。（相片提供／張敏忠）

好水3Q

Qwater 行動淨水系統

看過電影《明天過後》嗎？氣候變遷導致地球快速進入冰河期，大洪水、暴風雪、龍捲風、地震……奪命追擊，可怕的災難似乎非要人類與萬物一起大滅絕。

電影《水世界》則敘述南北兩極冰川融化，海平面上升，陸地盡沒。「淡水」是末日世界最珍貴的，電影開頭男主角將尿液收集起來，經過簡陋儀器，多層過濾之後恢復成水，然後把頭一仰，理所當然地喝入自己的「尿液淨水」。

他喝水並不吞下肚，只是滋潤一下喉嚨，就又把水吐進盆栽，因為植物能夠涵養與製造更多水分。

更特別的是，男主角不是一般「人」類，而是似人非人，似魚非魚的「變種」人，耳朵後長著鰓，腳上長著蹼，可在海水中呼吸，卻不能沒有淡水。電影虛擬末日景象，真實世界又如何？

特點
具備 3Q——快速、優質、出水量豐沛，單日最多能淨化十五噸水量， 相當於解六千人的渴。

應用
支援菲律賓海燕颱風、蘇迪勒颱風新北市烏來災區供水。

問題來了：

水龍頭流出「味噌湯」

「啊！水怎麼黃黃的？」強颱蘇迪勒過後，災情相對輕微的臺北市，市民們赫然發現，水龍頭流出來的，不是清澈透明的自來水，而是混合了泥沙，有如「味噌湯」的濁水！一時間，便利商店、大賣場的包裝飲用水被一掃而空，洗水塔的業者電話接到手軟。負責供水的自來水事業處，硬著頭皮訴說難處——颱風導致水源之一的南勢溪含泥量大增，原水濁度一度飆破39,000 NTU，遠超過淨水廠所能處理的6,000 NTU標準，廠方雖暫停作業以待濁度下降，但黃濁的自來水已送出至用戶端。

風雨過後，當下游的大臺北都會恢復正常供水時，與淤泥奮戰的烏來鄉親，卻還沒有自來水可用。受災戶、支援人員需要大量飲用水，慈濟於是把行動式淨水設備運進山區，就地取水淨化過濾。

「噠噠噠……」發電機驅動抽水馬達，把上龜山橋附近的山澗水抽進小貨車上的水槽，載到位於童軍營地的供水站後，再抽至這套名為 Qwater 的淨水系統進行過濾、淨化。慈濟志工陳建宏取了一小瓶，滴在儀器上，測出來的導電率是 9.4 μS/cm。「小於 10 就代表它的離子、重金屬濃度很低。」測完了重金屬，接下來測濁度，依臺灣現行飲用水水質標準，飲用水的濁度必須低於 2 NTU，而 0.22 NTU 的數據，顯示這臺機組過濾出來的水質，和目視的結果一樣，清澈透明。

在供水給民眾前，工業技術研究院水科技研究員出身的陳建宏，以及一同操作機器的志工夥伴，率先喝下自己「造」的水。之所以這麼放心，是因為系統所使用的逆滲透過濾薄膜，孔隙小到連細菌、重金屬都過不去，再加上紫外線殺菌、活性碳吸附，出來的水已近乎醫療級的純淨。

確定安全無虞後，志工開放供水。這淨水機組一日最多可供飲水十五噸；以每人每天喝水二點五公升計算，相當於解六千人的渴。附近居民陸續前來，用慈濟發送的十公升摺疊水袋壺裝水，可供四、五口之家一日飲水所需。志工們也開車載水，供應住得較偏遠，無暇前來領水的受災戶。

具備三個 Q 的 Qwater 淨水系統，「第一個 Q 是快組（Quick），模組化設備能在短時間內快速組裝完成。第二個Q是品質（Quality），符合飲用水標準。第三個Q是豐沛（Quantity），設備體積小就能產生大水量。」陳建宏說明以Qwater為這套淨水系統命名的緣由。

它本是行政院水利署委託工研院，為偏遠山區學校研製的中小型供水系統，因供水效率高、水質佳，操作維護容易，適用於災區及山地，遂為慈濟、法鼓山等多個宗教公益團體選用。

更特別的是，慈濟所使用的行動式Qwater淨水設備，一開始並不是做成便於車載的箱型模組，而是裝在小艇上，準備走水路進入淹水災區。

解決之道：

出動災區淨水設備

「當時泰國水患災情，讓上人很著急，所以我們得加緊腳步。」參與研發的志工嚴聖炎，道出了慈濟與工研院一起研製行動式淨水系統的緣起。

二〇一一年七月，泰國水患導致六百九十八人不幸溺斃，三分之二國土淪為澤國。人們用上一切能漂浮的東西，為保護自己免於滅頂。而重災區的加油站在洪鋒過後勉強復工，但服務的對象是，一艘艘浮在水上的小艇。

蘇迪勒颱風過後，慈濟將車載式 Qwater 淨水機組運至烏來災區，提供鄉親乾淨飲用水。（攝影／鄭碧玲）

大水來得快卻去得慢，許多低窪地區到了十一月還泡在水裏。積水深度不淺，裏頭混雜了工業廢水、動物屍體、垃圾、排泄物，細菌、蚊蟲就在惡水中快速滋長……洪災過後到處都是水，可都是不能喝的髒水，泰國受災民眾沒有乾淨水可飲用，傳染病疫情蠢蠢欲動。

當地慈濟志工忙著訪視發放，鄰國馬來西亞的慈濟志工，緊急採購二十四萬瓶包裝飲用水，經由陸路北上運到泰國。在無水可飲的急難時刻，大量的瓶裝水固然可解燃眉之急，但用過的寶特瓶處置不當，又會衍生嚴重的垃圾汙染問題。災區衛生、環保問題堪憂，證嚴法師於是要求志工，尋找可行的淨水、供水方案，以應救援所需。

當時慈濟已有大型的行動式淨水設備，它是企業家吳東賢、孫若男夫婦因應慈濟賑濟委內瑞拉土石流災害，請旗下的環境工程師沈柏聰打造的。沈柏聰將取水、沈澱、過濾等自來水廠必備的工序與設備，以及提供動力的發電機，「濃縮」裝進二十呎的貨櫃，做成移動式貨櫃型緊急淨水設備，淨水能量高達一日五百噸。

二〇〇〇年七月，機組完工甫運抵委國，就以十五分鐘出水一萬公升的速度打響名聲。接著在二〇〇一年臺灣納莉風災時，支援新北市汐止區，服務因自來水廠受損而停水的白雲社區；也曾經由海運，遠赴菲律賓、印尼亞齊等地供水，普獲好評。但幾次實際應用後，志工也發現它的不足。

「體積太龐大了，移動不方便，必須用很大的吊車和拖車；而且出水量大、取水量也要大，要找到很大很深的水源才行。我們要的是體積小、重量輕，可以放在中小型車、船載具上，帶著就走。」嚴聖炎說明賑災團隊另闢

沈柏聰為慈濟打造移動式貨櫃型緊急給水設備，致贈給委內瑞拉土石流重災區；此機組能滿足城鎮用水需求，但運輸需仰賴聯結車或大貨車。（照片提供/慈濟花蓮本會）

蹊徑的原因。

因應災區一片水鄉澤國，卻沒有乾淨水可喝的窘況，志工們突發奇想：「何不把淨水機搬上小船，直接抽取旁邊的水過濾呢？」

「靠水吃水」的概念令人莞爾，但絕非天馬行空，早在十九世紀後期，以煤為燃料的蒸氣輪船就配備了「造水機」，用以除去海水中的鹽分，製造飲用水或冷卻用淡水。同理可證，如果能把可靠的淨水設備裝上小船，就可擁有一艘機動性強的淨水艇，航行在淹水區到處濾水除汙，製造安全的飲用水。

組裝簡單：

小學生也能勝任

船艇可以用現成的。早期，高雄與臺南「慈濟急難救助隊」為滿足水患救助所需，會合黑手師傅用高級泡棉、玻璃纖維打造了幾艘硬殼救助艇，加上自購的橡皮艇，建立了小有規模的水上救援團隊。慈濟在三重、臺南、高雄、屏東等地的大型會所，都備有救助艇，有些還在底部裝上輪子，必要時可以「路上行舟」。淨水機組的選用、裝配，有賴工研院旗下的水科技組支援，慈濟杉林大愛園區的生活汙水處理廠，就是這個風城來的團隊一手打造。在工研院設計的機組淨化下，生活汙水成了無害環境、符合環保標準的放流水。以此為基礎更上層樓，要造出品質更高，可以喝的水就不難了。

「汙水可以用薄膜處理，但杉林的設備沒有用薄膜，而是用省能源的生物分解法處理，這點和 Qwater 不同，不過兩者都用到工研院的『BioNET（泡棉擔體）』技術。」時任水科技組組長的周珊珊，說明處理汙水與製造飲用水的共通點。有鑑於杉林園區的汙水處理設備，花了三個月才裝好，水科技小組成員開始思索，如何加快組裝速度，節省工作時間？

「後來我們想到『快組』，為了快速組裝，就變成模組化。」周珊珊表示，Qwater 這個名號是陳建宏後來取的，但他所用的技術很早就投入工業用，做成大型廢水處理設備。完成杉林的工程後，小組承接水利署的委託，將相關技術轉用於山區學校供水。因應山地偏鄉交通不便、專業維修人才難尋的劣勢，小組將機組小型化、模組化，也大幅簡化組裝流程。

「只要兩個人，花二十分鐘就可組裝完成。」陳建宏用不到一分鐘的縮時影片，展示第一個 Q（Quick）快速組裝的便利性，只見兩個工作人員徒手就把螺絲栓緊，支架搭好，過濾模組插好，全程不曾使用螺絲起子。

Qwater 最典型的範例，是桃園市復興區羅浮國小的淨水模廠。它由兩部淨水機具組成，每部高度一百六十公分，長寬在一百二十公分以內，單機一天可產十五噸飲用水，兩機並聯為三十噸，充分體現另外兩個 Q，也就是豐沛（Quantity）、優質（Quality）的優勢。「我們用的是超過濾（Ultrafiltration，簡稱 UF）薄膜，它的孔徑是 0.08 μm（微米，一微米為萬分之一公分），而細菌的直徑大多是1μm，因此百分之九十九的菌種會被攔除。」陳建宏解說Qwater系統化汙濁為清淨的步驟。

原水引入後，第一步先到沈澱槽降低濁度，去除較大的懸浮物；接著進入第二槽，經由泡棉製成，孔徑小於4μm的擔體過濾更小的顆粒；到第三槽，經由連細菌都過不去的UF薄膜過濾，水中生菌數幾達無菌狀態，遠低於「飲用水水質標準」所規定的——每一百毫升大腸桿菌數低於6 CFU（菌落形成單位）的要求。

限時考題：

淨水機搬上救災艇

自二〇一一年八月完工啟用後，羅浮國小師生們的飲水品質大幅提高。

也正因為在偏遠山區表現優異，慈濟志工便邀請周珊珊、陳建宏等專家，一同打造急難救助淨水艇，以應泰國水患災區急需。同年成立的工研院社會公益委員會，也將這個研發案視為重要的試金石。

眾人集思廣益後，發現了兩個亟待克服的問題——

首先，船艇的空間有限，且航行於水面，必須注意配重、重心。要把固定式的 Qwater 機組搬上小艇，勢必得進一步縮小體積，減輕重量。

其次，淨水機組要由船載著跑，就不能使用固定式電源，只能以發電機供電，如此一來，發電機的體積、重量能否滿足用電需求，又要花不少心思。

為了符合慈濟小艇的尺度，水科技小組將淨水機具的高度縮到一百二十公分，長寬縮小到一百一十公分內，三槽式過濾也減為兩槽。參與設計的志工婁中恆表示：「原本的設計是前面有一個沈澱槽，後來我們觀察泰國受災區的水質，含泥沙量不多，就把沈澱池的部分省略掉，只用後面的步驟完成淨水程序。」

少了沈澱槽，研究團隊改採以沈水馬達抽取中層水的方式，避免吸入水底汙泥和水面的雜物，以此確保水源的清淨。而中段的泡棉擋體過濾，以及最後的薄膜過濾階段則保留不變。為了確保飲水安全，工研院專家們加裝紫外線殺菌燈外，還在出水管道上，附加活性碳以吸附有機毒物、用離子交換樹脂吸收重金屬，更確保水質的純淨。

由於容量、體積縮小，淨水艇處理能量為一日五噸，以國際急難淨水標準，每人每天用水七點五公升計算，夠五、六百人一日所需，可滿足一個小村的需求。按照以往的經驗，淨水機組的組裝測試，大約要三週的時間，但是證嚴法師心繫泰國水患災民，要求團隊必須在一週內完成工作。協力廠商沈世如驚呼，這次工研院和慈濟出了個「限時考題」。但為了力挺學弟陳建宏為人道付出的善心，他動員了人力、物力全力支援。「我們一連趕了四天，其中包括假日，廠商也非常發心全力配合。」從第一次看到慈濟提供的小艇，到完成整組淨水船機組，周珊珊帶領工研院團隊，會同廠商、慈濟志工一起動腦筋，把一天當三天用，每天忙到晚上十一、二點才休息。

救助艇最大載重量為八百公斤，但縮小版的 Qwater 空量就超過兩百公斤，加滿水後增加為四到五百公斤，再加上一、兩個操作人員，就很接近極限值。因此，實際的下水測試工作一點都不輕鬆，甚至有點冒險。

驗收過關：

池塘水煮食供餐

為了測試淨水艇在最大負載狀態下能否安全運作，特別請團隊中重達一百一十公斤的大塊頭上艇。坐定後，兩個總重一百七十二公斤的工作人員，拿起船槳輕輕划動，彷彿在臺中公園裏划船般悠閒。

安全性測試初步過關，但電力問題卻一再卡關。由於薄膜的孔徑比大多數的細菌還小，很容易被細微顆粒堵塞，因此薄膜的過濾槽，必須用鼓風機不斷打氣，讓水保持流動避免汙物附著，才能使過濾效果持久良好。

難題就出在鼓風機和發電機的整合，啟動鼓風機的馬達，需要瞬間的高壓和大電流，若發電機「不夠力」就動不了。為此，研發團隊前前後後換過四臺鼓風機，最後連發電機也換了。

「我們從屏東調來一部一千八百瓦的發電機，發現不夠用，就到大賣場去找。」晚上十點多開夜車來到大賣場，志工嚴聖炎看到一臺兩千九百瓦的

急難救助淨水艇示意圖

熱水機組

由發電機和容量 160 公升的
熱水開飲機組成

香積桶

配備 10 個容量 20 公升的保溫茶水桶
可泡製香積飯等熱食

淨水機組

配備發電機、過濾槽、紫外線殺菌燈
等設備，每日可生產 5 噸符合環保署
衛生標準的飲用水

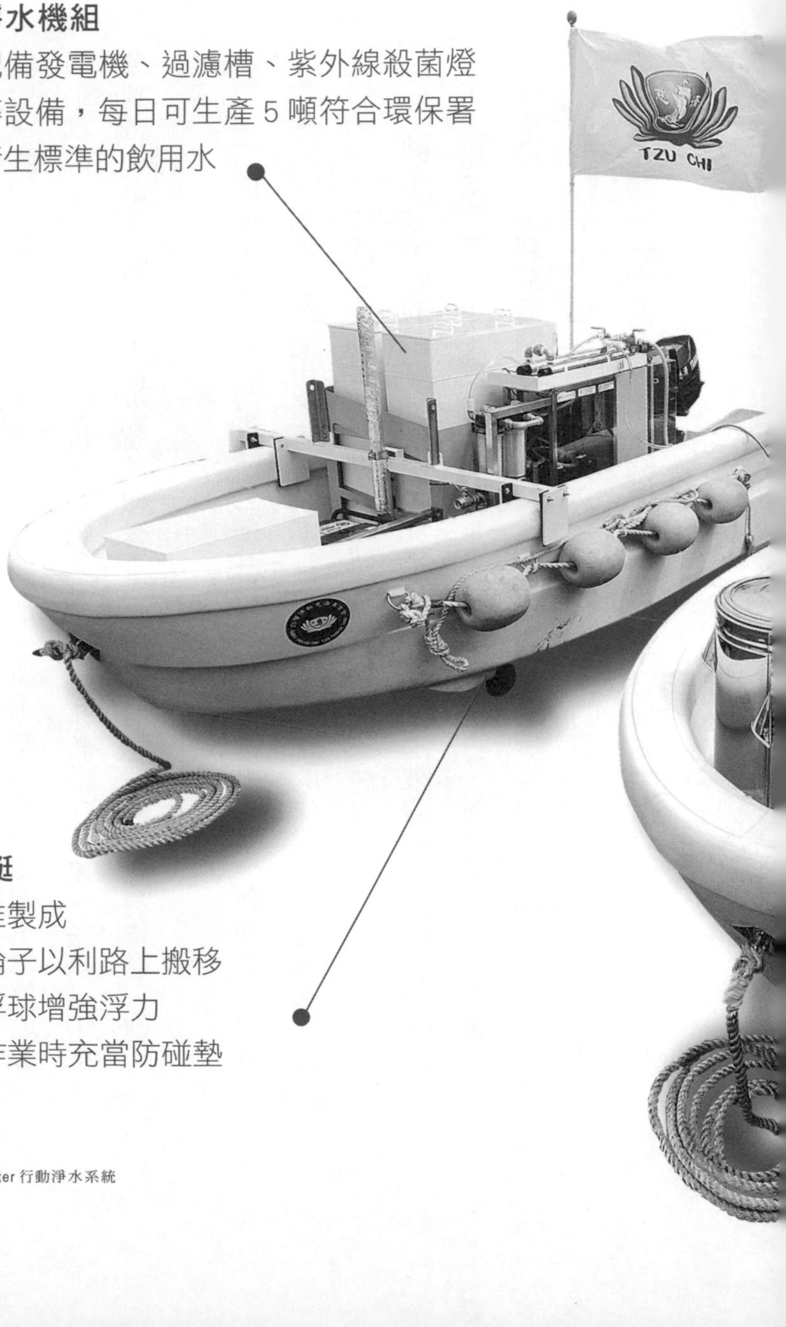

急難救助艇

由玻璃纖維製成
底部裝設輪子以利路上搬移
艇側懸掛浮球增強浮力
雙艇並聯作業時充當防碰墊

發電機，詢問店員才知道，那款機型很暢銷，貨架上只剩唯一的一臺展示機。

經過一番討價還價後，嚴聖炎將機器買下來。那臺功率近三千瓦的機器，也不負「知遇之恩」，一啟動就讓鼓風機馬力全開，氣泡源源不絕送出，裝置薄膜的過濾箱像煮開水一樣沸騰翻滾，淨水船的動力難關，總算攻破了！二〇一一年十一月十七日，剛組裝完成的急難救助淨水艇，被送上卡車載到臺北市基隆河畔，接上弦外機後下水，由慈濟急難救助隊員駕駛，進行試航。

整個機組由兩艘小艇組成，一艘裝載 Qwater 機組，另一艘則是裝置電能熱水器，兩艘並聯使用，可同時進行淨水、煮開水的作業。搭配沖泡式香積飯，一套快速安全的供水、供食系統就成型了。

「剛才大家吃的午齋，是用大愛臺水池的水做出來的。」證嚴法師一句話，讓隨師行腳的弟子們心頭一驚！十一月二十二日，淨水艇研發團隊帶著所有機具，來到慈濟關渡園區拜見法師，旋即被要求當場造水給眾人用。

指定的水源，是一旁慈濟人文志業中心後方的造景水池，雖然沒工業廢水，但水體中有淤泥、藻類、腐植質，且生菌含量高，沒有人會拿那的水煮食做飯。周珊珊遵循法師要求，帶領團隊展開抽水、過濾作業，並把淨化後的水送到廚房煮食，成為當日法師及隨師弟子們的午齋。

「祝福你們！」法師將念珠贈與淨水機組研製團隊，不只肯定成員們的付出，也宣示這套設備已通過慈濟驗收，成為急難救助與國際賑災時的救人利器。就在眾人積極練習操作，調校設備，準備赴泰國救苦之際，當地慈濟人傳回水患消退的好消息。危難緩解，淨水艇無需前往，但人員訓練、設備研究及優化，依舊持續精進。

執勤海外：

困難示警，有備無患

「發電機操作手，檢查開關、油門！」「阻風拉起，熱機十分鐘！」嚴聖炎用一個口令一個動作的模式，教導急難救助隊志工操作淨水艇機組。

二〇一二年，於新竹縣舉辦的「全民防衛動員暨災害防救演習」中，慈

淨水艇完工後，於基隆河洲美段進行試航，慈濟志工實測機具性能，並演練舷外機、船槳推進的技巧。（攝影／陳建宏）

濟志工用淨水艇提供的熱開水泡香積飯，搭配大愛餐車煮出來的素菜，迅速打包出數百份便當，供餐給辛苦操演的軍警消人員。淨水艇儘管沒有實際下水航行，但依舊引人矚目，國防部、內政部官員們都前來參觀。

「毋恃災之不發，恃吾有以備之」，二〇一三年十一月，超級強颱海燕肆虐菲律賓中部重創二次世界大戰著名古戰場萊特島。慈濟在當地發動大規模以工代賑，帶動上萬民眾成功清理受創的家園。

道路通了，商店街恢復營業了，但水源安全問題依舊令人擔心，為

淨水艇上的機組造出乾淨飲水後，志工將水引入電熱水器，煮沸後用於沖泡香積飯。

了確保熱食供應衛生無虞，臺灣慈濟志工把 Qwater 機組運過去支援供水。身為研發者的陳建宏也跟著團隊去到賑災第一線。

飛機抵達獨魯萬上空，陳建宏往下一看，地面滿是藍色的帳棚，到處都是毀壞的房屋。一行人抵達後的第一件事，就是尋找合適的水源地。起初，淨水團隊檢測當地河流水質，發現汙染情況不嚴重仍可取用，最後卻改用井水。其實河水、井水水質相差無幾，但強颱過後傷亡慘重，河流一度充斥人畜屍體和糞便，為顧及民眾觀感，團隊改取井水，在獨魯萬設了三個供水點，並在次日將所有機組組裝完成。

「這組機器對負責烹煮香積飯的人員幫助很大。原本在興華中學，當地志工用推車載著水桶到很遠的地方取水。我們機器就建在水源處，淨化之後用馬達直接抽到水塔，送到廚房。他們就不用搬運了，而且水更乾淨。」

加強功能：

淡化海水、水陸通行

「我們也遇到很多困難，比如發電機接頭突然壞掉，整組就不能用了。」在臺灣已測試過的接頭，推斷是在搬運時碰壞了，然而這款發電機的零件，不是隨便找家店就買得到，陳建宏與菲國志工到供水站旁的「柑仔店」詢問，原本不抱希望，沒想到店剛好有他們要的東西。

機組險些停擺，讓陳建宏嚇出一身冷汗，從此更加警惕戒慎：「我想老天給我這些考驗，但沒有重重地打擊，是要我更小心、不能疏忽。」支援海燕颱風的災區供水，是慈濟 Qwater 機組首次投入賑災應用，雖然只有淨水機組前往當地，小船和熱水機都沒上陣，但已為後續應用累積寶貴經驗。

「很多災難都是發生在海島，所以有海水淡化的需求。」有鑑於沿海災區易遭暴潮侵襲，土壤及水源有鹽化情形，陳建宏在新一代淨水系統中加裝逆滲透機組，使其具備海水淡化的功能。

如同既有的 Qwater 系統，逆滲透淨水的關鍵也是薄膜，但孔徑比 UF 薄膜更細，不但細菌過不去，就連體積微小許多的鹽類、重金屬分子也通不過。

以急難救助隊常操演的水域，基隆河洲美段為例，當地離淡水河出海口不遠，漲潮時海水逆流而上，使當地水質呈現「半鹹水」狀態。取河水濾淨後，其水質雖然可以喝，但有些許鹹味；若換用逆滲透薄膜把鹽分擋下，就沒有鹹味了。

「海水鹽度高，雜質也多，進行逆滲透時，壓力要加到每平方公分五十公斤，如果過濾淡水一天最多能產生十五噸，處理海水大概會少一半。」陳建宏表示，要在 Qwater 系統中加裝逆滲透設備，管路的強度、機體的耐腐

淨水程序	原理
1 BioNET 泡棉擔體	 材質為塑膠泡綿，表面布滿孔隙，除了攔除懸浮物，也可讓微生物附著、增殖，發揮分解污染物的功效。
2 活性碳 Activated Carbon	 由天然煤炭或竹、木、椰子殼碳化後製成，顆粒外觀細緻但表面布滿細微孔隙。一公克活性碳的總表面積可達一公頃之大，用於濾水可吸附有機污染物並除臭。
3 UF薄膜 Ultrafiltration	 孔徑僅零點零八微米（一微米為萬分之一公分），可過濾微米級雜質。由於一般細菌的直徑大多是一微米上下，因此 UF 薄膜可濾除百分之九十九的菌種。為增加接觸面積強化過濾效果，薄膜濾材多半做成細長條狀，外觀看起來如麵線。
4 逆滲透 Reverse Osmosis	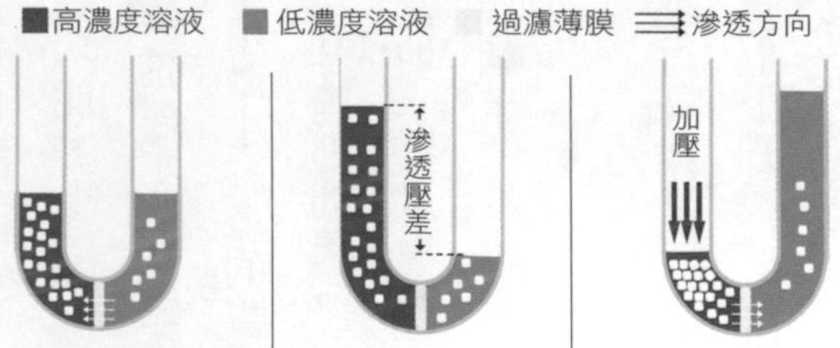 （1）以孔隙極小、可隔絕鹽類分子的半透膜，將U型管中等量等高的高濃度溶液（如海水、鹽水）及低濃度溶液（如淡水）隔開，則低濃度端的水分子，就會透過半透膜，進入高濃度端，這就是滲透現象。 （2）滲透會持續到兩邊濃度相等為止，屆時原本高濃度端的水量會增加，低濃度端的水量會減少，導致兩邊的水位出現高低落差，是為「滲透壓差」。 （3）若對高濃度溶液施加高壓，使其承受的壓力大於滲透壓，其中的水分子就會通過半透膜，反向滲入低濃度端，此即逆滲透。運行一段時間後，低濃度溶液端的水量會增加，高濃度溶液端水量減少但濃度大增。
5 紫外線燈 UV- C	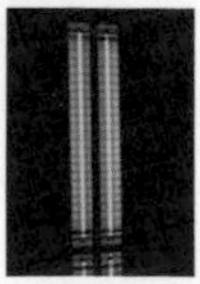 紫外線燈（UV-C 253.7nm）會破壞單細胞微生物體內的DNA（去氧核醣核酸）及RNA（核醣核酸）結構，使其凋萎死亡，可有效消除細菌、病毒等致病微生物。

資料提供：水利署、陳建宏、智水科技

Qwater行動淨水系統

- 尺寸：長 320× 寬 190× 高 230 公分（含可升降式模組箱體）
- 重量：空重 2500 公斤、滿水 3500 公斤（含可升降式模組箱體）
- 淨水能量：原水為淡水，每日最大淨水量為 15 噸；原水為海水，約 5 噸
- 附屬設備：發電機、自動控制箱、人機介面、沈水幫浦、原水箱、廢水箱、淨水箱、電動油壓升降系統

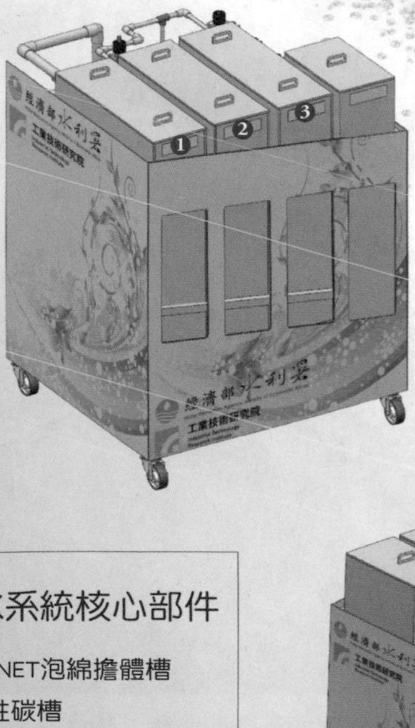

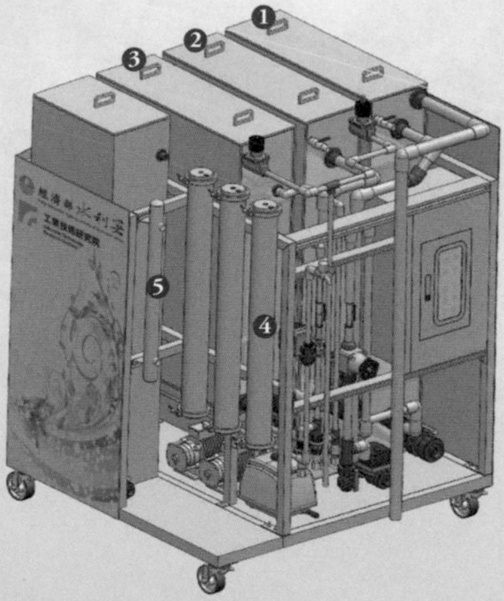

淨水系統核心部件

❶ BioNET泡綿擔體槽
❷ 活性碳槽
❸ UF超過濾薄膜濾槽
❹ 逆滲透濾材
❺ 紫外線燈殺菌

二〇一三年海燕颱風過後，慈濟將「淨水法船」所用的 Qwater 機組空運至菲律賓災區，於獨魯萬等重災區供應乾淨用水。（攝影／詹進德）

蝕性、馬達的功率都要加強，機組的體積也要增大。於是研發團隊與行動廚房設計者蔡堅印合作，將新的行動淨水機組，設計成一個長約三公尺、高寬各約兩公尺多的方形模組。和行動廚房一樣，收攏起來時就是一個白色大鐵箱，可以用三點五噸以上的貨車運送。抵達定點後開機通水，一日最多產十五噸飲用水。

慈濟志工把急難救助淨水艇稱為「淨水法船」，也為這套車載式淨水模組取了個「淨水法車」的外號。二〇一五年蘇迪勒颱風過後，國軍、慈濟志工以及不請自來的熱心民眾，湧入重災區——烏來，協助清理家園。狹小的谷地，一下子多了數千名螞蟻雄兵，加上原來的居民，飲水的供應成了一大問題，「淨水法車」於焉投入。

陳建宏約略估算，支援烏來的七天中，行動淨水機組供水量，相當於兩萬支六百毫升寶特瓶，這個量雖然只能算是牛刀小試，但能兼顧飲水安全與環保，也不負護持者的期許了。

「水是滿奇妙的東西，只有兩個氫一個氧，用『電化學』的方式，做不同的排列組合，就能讓它變成高活性氧的消毒水。」陳建宏研製出專利技術的消毒噴霧瓶，體積小重量輕，但加水通電十五分鐘後，就能將清水變成高效無毒的消毒水，且效能可持續達七十二小時。他在工研院輔導下，循著「創業育成」模式成立公司，將研發成果市場化，也以志工身分持續支援慈濟Qwater系統的維修與訓練，自許職志合一：「水是所有生命的源頭，沒有水不能活。拿水來幫助社會，讓水變成消毒劑，是我的使命。」

誠如證嚴法師常說的「水是大生命」，行動淨水機組雖小如江中一葉，卻能將充斥病菌毒物的惡水，淨化為解救生命、潤漬蒼生的甘露，這是臺灣及世界所需的防害救災利器，也是志為科技人者值得努力以赴、精益求精的研發標的。

混濁水經 QWater 淨水系統過濾後，成為合乎飲用水規範的清水（左）。

別怕，有我們在
——安身設備篇

火力支援

汽化爐與固態生質燃料技術

同樣一把火，用在不同的地方，便燒出了不同的結局。

舊石器時代，燧人氏鑽木取火，讓人類有了使用火和製造火的能力，也大大改變了生活習慣。

安徒生童話中，賣火柴的小女孩點燃最後一根火柴，火光中的幻象帶她進入已逝祖母的懷抱，溫暖地睡去。第二天，人們發現一個凍僵的軀體，小女孩的嘴角竟還帶著笑容，那是令人心痛的悲劇。

十年前，走紅一時的鄉土劇，男主角發著狠勁，不時把「一桶汽油，一枝番仔火」掛在嘴邊，誰敢招惹到他，他就要誰好看！

一個是最後的幻夢，一個是無法預測的怒火，這把火若拿在有頭腦、有愛心的發明家手裏，又會變出什麼魔法？

特點

多層構造及特別設計的孔洞，達成高效率燃燒，隨手取得的木柴、草料即可成為重要的火源。

應用

菲律賓海燕風災、高雄氣爆、南港空難、臺南永康強震救援中，發揮了供暖、煮食功能。

問題來了：

「一無所有」時，如何取火？

「三十公升水，用這個爐燒，三十五分鐘就滾了！」談到因救災而出名的自家產品，中華整廠發展協會理事長張金德語帶自豪，這個看起來像「燒金爐」的銀色火爐，乍看不起眼，卻在菲律賓海燕風災、高雄氣爆、南港空難、臺南永康強震救援中，大大發揮了供暖、煮食的功能。

使用固態燃料的汽化爐，在水、電、瓦斯方便的臺灣救難現場並非挑大梁的主角，一旦遭遇「一無所有」的狀況，能利用隨手取得的木柴、草料的高效率爐具，就成為重要的火源。

汽化爐常被稱為「火箭爐」，然而兩者在構造及運作模式上，其實有不小的差異。傳統火箭爐以隔熱材料將火團圍起來，保留上方出火口及下方進氣口，只要掌握熱對流和隔熱兩個重點。這種爐子具備火力旺、溫度高的優點，能快速地烹煮食物，因此被稱為「火箭爐」。

依循這簡單而重要的原理，只要做出有厚度能隔熱的爐膛，加上容納燃料與空氣的燃燒室，形成一個Ｌ型管道，就能製成最陽春的火箭爐。

張金德率領員工製造的汽化爐，同樣利用熱對流原理，但不像火箭爐用隔熱材料把火拘束起來催出高溫，而是以多層構造與特別設計的孔洞，引導燃料受熱後裂解，產生可燃氣體接觸火源，達成高效率的燃燒。

傳統火箭爐的隔熱爐膛設計，出火口在上方、進氣口在下方，火力集中、溫度高，能快速地烹煮食物。（照片／慈濟花蓮本會提供）

汽化爐點火前，要先將耐燒的大塊草木質燃料放進燃料桶，上層鋪以易燃物如稻草、枯枝，燃料填滿後裝進爐內，引火投入爐口。上層易燃物與大塊燃料燃燒產生熱能，下層的可燃物質在高溫缺氧的狀態下分解，由固態化為液態最後

「汽化」，釋出甲烷、一氧化碳、氫氣等可燃的氣體，一般統稱為「木煤氣」。

精心設計的氣體流路，讓木煤氣和爐內的空氣一起受熱，沿著中空層上升至爐口溢出，接觸火源燃起熊熊烈焰。因為燒的是氣，燃燼的灰是成團留於桶底，所以煙少、汙染少。

由於汽化爐在國內急難救助及國際賑災時展現實用性，加上爐體本身設計精巧，具有科學教育意義，張金德不只一次帶著這項傑作，接受電視臺訪問，旗下公司參加商展時也經常在攤位擺上一臺，當作實力與愛心的證明。

意外用途：

「自燃火」燒出新燃料

張金德並非做爐具出身，本行是「造紙廠整廠設備輸出」，簡單地說就是幫客戶打造一間完整生產紙的工廠，從初期紙上作業的規畫、設計，到實體設備的製造、採買、試車一手包辦，最後把所有設備運到現地組裝，確認無誤後整廠移交。

自一九七八年創業以來，張金德已經移交超過四十座造紙廠。除了替別人蓋工廠，也投入造紙事業，本想在這領域開拓一方宏圖，沒想到十多年前一場有驚無險的工安事故，意外燒出了固態生質燃料事業。

當時國際社會為了環保減碳，嚴格限制森林砍伐，張金德於是指示旗下公司開發以「非木纖維」造紙的技術；非木，指的是稻、麥、竹、玉米、棉花等多年生非木本植物。相較於木漿造紙每造五十公斤，就要砍一棵樹齡二十年大樹，非木纖維可謂取之不盡，只要農作持續栽種，就有源源不絕的廢棄稻草、麥稈、玉米葉可用，又不影響主要糧食作物的產能。

非木纖維的運用如果成熟，將能大大減少原木使用量，對造紙業的永續經營，及全世界森林的保育，都有正面影響。遵循董座的決策，張金德旗下位於大陸廣東的造紙廠，向當地農民收購稻草試作。

有一天，堆積如山的稻草突然冒火，一時之間煙霧、火星彌漫，所幸火勢很快撲滅。事後檢討發現，稻草會自燃，是因為露天堆放過久，草堆內部

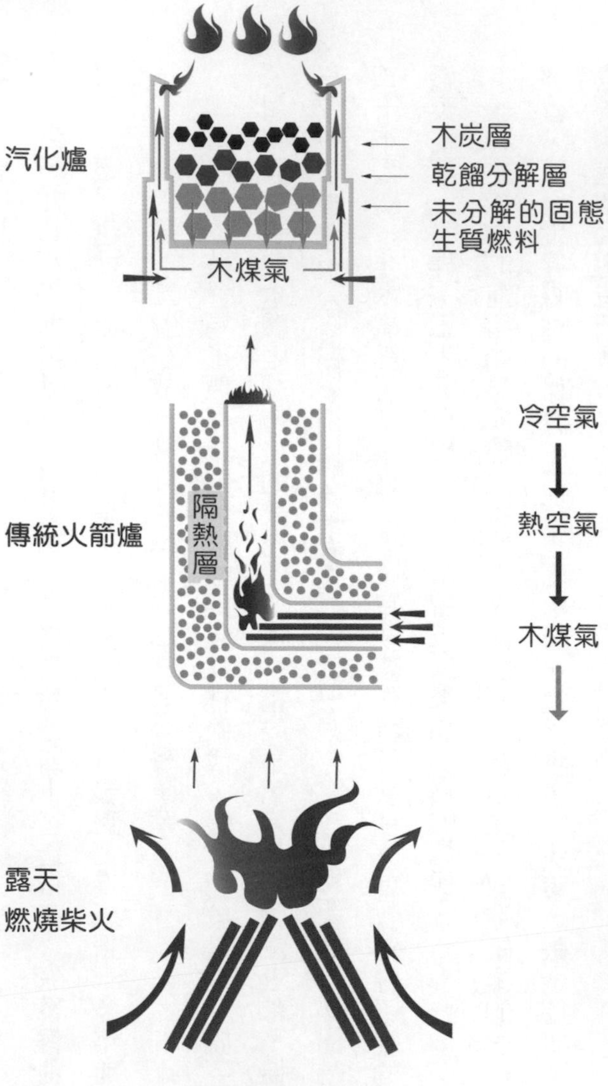

燃燒原理對照圖

| 資料提供／川佳集團 資料彙整／葉子豪 |

汽化爐火力強、熱氣旺，把番薯包上鋁箔紙放在爐口處，可煮湯順便烤番薯。（攝影／施龍文）

受潮，微生物分解，產生可燃沼氣，蓄積到一定濃度，加上烈日高溫，就「自燃而燃」了。

一把火，燒出了稻草作為生質燃料的可能性，但當時眾人關注的是避免火災事故重演，並減低稻草的運輸與倉儲成本。解決之道就是設法壓縮體積，變小，以利倉儲！

對於經驗豐富的機械專業人員來說，運用現成技術壓縮蓬鬆的稻草不難，部屬們很快就把成果呈上來。

「是不是可以壓得更緊？這樣可以省一倍運輸成本。」看到稻草壓縮減少體積的初步成果，張金德指示眾人再接再厲。那時員工們已將稻草堆的體積縮小到原來的四分之一，但這還不夠。研發團隊精益求精開發新的壓縮機具，藉由破碎、加溫、壓製，把膨鬆的稻草製成圓棒狀，體積壓縮到原本的十三分之一。

以一立方公尺純水重一千公斤，水的密度為一當基準來對比，同樣一立方公尺的蓬鬆稻草只有一百公斤，初步壓縮的「稻草塊」為四百公斤，兩者密度均小於一，如果以塑膠袋包裹投入水中都可浮起。但同體積的「稻草棒」就有一千三百公斤之重，等於是水密度的一點三倍，一下水就沈了。儘管又硬又重，稻草棒因製程無添加任何的化學黏著劑，浸水五分鐘後就融化崩解，無礙造紙工作。

稻草壓成棒體積縮小後，不僅便於管理，提高了倉儲安全性，更為張金德的公司，省下了鉅額運輸與倉儲成本。

後來，張金德前往越南投資，合作夥伴意外發現此「造棒技術」有意想不到的另類用途。「這個設備可以拿來做生質燃料！既然稻草可以擠壓成棒，那廢棄的木頭應該也可以。」遵循合作廠商與董事長的指示，公司協理魏承洋找了多種木材一一嘗試，幾經調整，成功地把木材粉碎壓製成可用的

張金德將木頭送入機械，示範固態生質燃料的製造過程，他研發賑災用汽化爐，將此綠色能源與人道救援結合。（照片提供／川佳集團）

燃料棒，迄今已完成超過百種不同種類原料的化驗分析、測試與成形。

變廢為寶：農林廢棄物變身燃料棒

越南造紙廠投資案，最後因一家重要合作夥伴退出而停擺，張金德的事業版圖，卻因此跨足了綠色能源。

身為企業領導者，張金德更加看重這項技術對地球環境的正面貢獻：「地表上的農林廢棄物太多了，每年約有二十八億噸，馬來西亞、印尼的棕櫚渣，越南的稻殼、稻草，臺灣的甘蔗渣、稻草、稻殼、花生殼、花生藤、果樹，這些都可加以處理，轉成能源。」

談到廢棄物，一般人首先想到的，通常是塑膠、廢電器等高汙染性現代產物。相對的，對農林廢棄物「有感」的人就少得多。

畢竟植物性產物可自然分解，不像塑膠千百年不腐，也不像電子垃圾含大量重金屬，對環境危害相對輕微。而且「古早時代」的人們都會把稻草、玉米葉、枯枝拿來堆肥或當柴燒，物盡其用。

但世界各國逐漸工業化、都市化之後，農林廢棄物問題就逐漸浮現。當年輕人陸續離開鄉村，住進城市的鋼筋水泥房，不再用稻草蓋屋頂；使用瓦斯煮飯燒熱水，不再用樹枝木塊當燃料後，大量的稻草、風倒木、漂流木就失去用武之地。

對治農林廢棄物，多數人想得到的方法，還是傳統的堆肥與焚化。但堆肥需要空間掩埋，也要時間讓微生物分解發酵，處理不當可能孳生蚊蟲細菌，危害公共衛生；貿然放火燒也不行，農田燒稻草導致空氣汙染、交通事故的情形，早為人所詬病。

而固態生質燃料的製造技術，恰可把惱人的農林廢棄物「變廢為寶」。張金德以日本為例說明：「他們就是一直改進，假設火力發電廠原本燒煤三百萬噸，就將百分之五，也就是十五萬噸的燃料，另設小型專用鍋爐，改用生質燃料，發的電就用在『低壓電』如路燈、辦公照明等。」

早年造紙等產業為了節省成本，多使用便宜且熱質高的煤。不過，當人們意識到空氣汙染與氣候變遷的嚴重性，歷史悠久的燃煤模式就必須改弦易轍了。意識到替代煤炭的「固態生質燃料」前景可期，張金德在二〇一〇年以前就投入研發。

時至今日，已推出多款生質燃料的生產機具，只要把稻草、漂流木、風倒木送進機器，經破碎、加溫、壓製後，看似無用的枯草斷木，就成為圓柱狀的燃料棒。

「纖維素和半纖維素在攝氏一百三十度左右時會產生黏性，我們就採物理性的撞擊加壓方式，將碎料在不需黏著劑情況下黏起來。」負責研發的魏承洋協理，道出了固態生質燃料的製作原理。

以生質燃料棒一噸約四千五百元臺幣的報價來看，其價格顯然比每噸約一百美元（相當於臺幣三千元）的煤炭為高，卻比天然氣便宜不少。但使用化石燃料如煤、石油、天然氣等，形同將地底百萬噸計的碳挖出來燒成二氧化碳。

若改用稻、麥、玉米等農作衍生物製成燃料，雖然也會釋出碳，但之後種植的作物又會吸收等量的碳，因此不會對大氣中的二氧化碳總量造成太大影響，可說是具有「碳中和」環保概念的綠色能源。

也因為使用的原料，是原本要丟棄的農林副產物，固態生質燃料棒不像以玉米、甘藷等糧食作物當原料的生質燃油，引發「與窮人爭食」的道德爭議。在各國對燃煤汙染管制趨於嚴格的情況下，這種綠色燃料成為兼顧環保與經濟效益的替代方案。

重新研製：

兼顧能源與環保

「誤打誤撞」進入綠色能源領域，張金德可謂走在時代的前端，不過推廣新觀念、新產品需要花更多力氣。為了拓展固態生質燃料的商機，他送了一些樣本與文宣，給致力於臺日產業交流的整廠發展協會會員薛美玉，請她協助對日行銷。

薛美玉的另一個身分，是高雄區的慈濟志工，了解張金德於綠能方面的強項後，便將他推薦給證嚴法師。

證嚴法師十分讚許這些技術，能同時滿足環保與能源的需求。有感於救災團隊及受災者，可能面對沒有瓦斯、沒有電、無法煮食的窘境，便鼓勵他研製能使用柴火或固態生質燃料的爐具，用以煮食、取暖。

儘管不是製造爐具出身，但張金德欣然承擔大任。他對鍋爐與燃料特性相當熟悉，因為不論是製程前端的紙漿原料蒸解，後段的烘乾，都需要鍋爐提供蒸汽與高溫。經營造紙設備事業二、三十年，張金德對鍋爐的採購、選配下過不少工夫，旗下的研發團隊也累積不少專業技術和經驗。

玉米梗（攝影／謝舒亞）

稻草（攝影／黃美惠）

固態生質燃料製造技術，可將稻草、玉米梗等廢棄物轉化為煤的替代品，既能降低廢棄物處理的耗費，也有助改善空氣汙染。

不過，製造小型賑災用爐具還是一大挑戰。因為以前幫客戶選配的鍋爐，都是中大型工業用，要改成可以讓賑災團帶著走的小規格，不是花三、五天修改設計圖就能辦到。

「裏面的氣流流路要重新設計、規畫，不只是縮小而已。師父要求的，實際救難需要的，都要去考量。」為了符合賑災需求，張金德與研發團隊前前後後推出五個試做版本，最後在二〇一三年做出給慈濟志工用的第六版賑災用汽化爐。

「當初我想用鐵板做，但想到在戶外使用，會遇上冰天雪地、下雨情況，因此選用不鏽鋼材質。不論三〇四還是四一〇等級，都能耐熱兩百五到三百度。」張金德表示，證嚴法師和他談汽化爐研發時，會一再問外層會不會燙？夠穩固嗎？會不會傾倒等關乎使用者安全的問題。

因應此高標準的要求，研發團隊除了調整高度與重心，加強爐體的穩定性，還特別設計一圈蜂巢式的隔熱層，即使手腳不小心碰到，也不會燙傷。

除了爐體設計精巧安全性高，固態生質燃料厚實如原木，不會輕易著火的特性，也使它便於運輸，適合用於救災。

暖身暖心，鼓舞士氣

根據研發團隊估算，為慈濟製造的賑災用汽化爐，燃料桶最多可裝五公斤燃料棒，生火後可持續燃燒達五小時。相較於液態燃油與天然氣，固態生質燃料不會因為一點小火花就瞬間起火爆炸。搬運、倉儲都無需使用耐油容器或耐壓鋼瓶，可用塑膠袋、布袋、籃子、紙箱盛裝。

由於安全性高，能在缺電、缺化石燃料的環境中使用，志工不久後就將汽化爐投入菲律賓海燕風災救援的第一線。

當慈濟確定賑災計畫後，張金德打造的汽化爐與幾百公斤固態生質燃料，就跟著環保毛毯、可速食的香積飯等物資，送至中部重災區萊特省的獨魯萬市。

由於不熟悉使用方法，慈濟志工剛開始點火，燒得整間廚房煙霧迷漫。但上手之後，高效率的爐具與搭配的燃料棒，就發揮長時間供熱的優勢，把一鍋又一鍋冷水煮到沸騰，讓志工泡煮香積飯，餵飽為重建家園揮汗出力打掃的人們。

汽化爐因在獨魯萬賑災時表現不俗，慈濟再將它投入臺灣南港空難救援行動。二〇一五年二月四日空難當天，復興航空二三五班機墜落在基隆河南港汐止交界處河段，機身殘骸腹部朝天，像翻肚的大魚般載浮載沈，警義消與民間救難隊員乘橡皮艇靠上去，以各式器材切割破壞金屬機身，奮力搶救受困者。

冬日河畔風蕭蕭，氣溫低於十度，水溫更冷，數百名救難人員強忍趨近於零的體感溫度輪番下河。冷風如刀，連在岸上提供後援的人都受不了，更何況置身於冰水中，只能靠雙手觸覺摸索受困者的第一線人員？

由於搜救者多半使用保暖效果較弱的溼式潛水衣，下水一趟頂多半小時就得上岸，以免失溫。每當有人從河裏走上來暫歇，志工就為他們裹上毛毯，奉上熱食，請他們坐下來好好吃一頓。但疲憊不堪的救難人員卻說：「我還是站著吃比較好，若坐下去可能就起不來，因為體力已經快要透支了。」一上岸的人員身披毛毯，手持熱飲，但嘴唇還是凍得發紫。本身也冷得直發抖的慈濟志工意識到，光是提供毛毯、熱食還不夠，是時候申請「火力支援」了！一通電話，兩臺汽化爐及專用的生質燃料棒，迅速從張金德位於五股的辦公室運抵失事現場，當橘紅色火焰衝出爐口，剛上岸、休息中的人員都圍了過來。

消防隊員身體都是溼的，加上寒風吹拂，體溫散失嚴重；汽化爐不鏽鋼製的爐身，約莫成人大腿般高，熱氣由這高度往上升，正好溫暖消防隊員全身。除了取暖，志工也拿汽化爐燒開水，泡煮熱飲，幫救難人員暖胃。在寒流肆虐的那幾天，爐口的熊熊火光，溫暖了數百名軍警消、救難隊及志工的身心，也鼓舞了眾人使命必達的信念。

加強功能：

「熱轉電」研發，生火並供電

精心之作發揮良能受到好評，張金德及員工們都引以為榮。但眾人依舊精進不息，致力改良汽化爐與生質燃料技術。有感於稻草、樹木搬運不便，研發團隊把整組機具安裝在一個二十呎貨櫃內，成為移動式造棒機，可以由聯結車運往鄉間，直接在稻田、堆置場旁邊展開作業，有效解決了困擾國人已久的農業廢棄物清理問題。

二〇一六年初，張金德為農業大縣屏東，打造了整套燃料製造設備，以及臺灣第一座使用固態生質燃料的火力發電廠。

由於製作生質燃料時，會對草木原料進行乾燥處理，並以超過百度的高溫催發碎料的黏著性，因此壓製出來的燃料棒含水量低，燃燒時熱質高且不會產生濃煙，可謂化腐朽為神奇。

有了這樣一套變廢為寶的設備後，屏東鄉親們就不愁收割後留下的稻草、修剪下來的蓮霧枝無處可去了。

及至九月，莫蘭蒂颱風橫掃南臺灣，屏東縣的風倒木多達五千噸，這個燃料製造廠，就以每日八十噸的處理能量，把堆積如山的廢木壓製成一袋袋燃料棒。得知屏東去化風倒木成效卓著，臺南市、金門縣等重災區，也請張金德派人、運機器前去清理。

「若能確保原料不含過量重金屬等有害物質，這個燃料棒就可以拿來當栽種介質使用，也就是乾淨土壤。介質的要求是穩定，分解時間愈久愈好，我們自去年起也針對國內丘陵地形的栽種環境，積極開發可緩慢釋放肥分的緩效肥料棒。」

魏承洋解說生質燃料棒尚有多種用途，除了可以充當培養土，加入堆肥成分，用以種蔬果、種糧食，還可以鋪在牛棚的地面作為鋪料使用，降低乳牛感染乳腺炎等疾病的機率，並且可快速吸收牛隻尿液糞便的臭味，發揮一種資源多種用途的高效益。

在汽化爐方面，則和相關研究機構合作，除另開發更小型可收納於背包，供個人使用的可攜式小汽化爐外，也嘗試在爐上加裝晶片進行「熱轉電」的研發。「災區會遇到沒電可用的情況，燃燒同時發電，可供手機充電、照明用，像是敘利亞難民營，冰天雪地都可以用。」張金德如此期待。

二〇一五年二月，復興航空班機墜落基隆河，剛上岸的潛水搜救人員披著毛毯在汽化爐邊取暖。（攝影／蔡翠櫻）

自屋人家

簡易屋與簡易教室

年近半百的詩人杜甫，身經離亂，顛沛失所，好不容易歸隱四川，搭得一座茅屋遮風蔽雨。

奈何住不到一年，一陣龍捲秋風，吹得茅草屋頂支離破碎，更慘的是頑皮孩童拾去茅草、令老人追趕為樂，力弱的杜甫上氣不接下氣，只能瞪眼跺腳。

組不回去的破茅屋，說不盡的滿懷愁緒，大詩人寫下悲情的〈茅屋為秋風所破歌〉：

「……布衾多年冷似鐵，嬌兒惡臥踏裂。床頭屋漏無乾處，雨腳如麻未斷絕。自經喪亂少睡眠，長夜沾溼何由徹！安得廣廈千萬間，大庇天下寒士俱歡顏，風雨不動安如山！」

面對夜間號寒的家人，詩人筆鋒一轉，但願全天下的可憐人都有房子住，希望所有的愁容都能轉為笑臉！

特點

透光性高，格局、通風良好，具備耐熱、耐風、耐久優勢，組裝簡單。

應用

慈濟會所倉儲，並援助辛巴威自由小學，菲律賓三寶顏戰亂、保和島地震、海燕風災。

問題來了：

帳棚不耐用，永久屋費時

更強的風災，更深的悲情，強颱海燕登陸菲律賓中部萊特島，每小時三百餘公里的暴風，掀起五、六公尺高的浪潮，瞬間將沿海聚落，包含首府獨魯萬、大城奧莫克等瞬間抹平。

倒下的椰子樹、舉目可見的木屋殘骸、被暴潮沖進市區的輪船，以及排列在馬路邊等待認領的遺體，是居民共同的受難記憶。可想而知，在受災當下，這兩千戶家庭是多麼恐懼、悲傷、無助。

然而今日的大愛村，卻是一派欣欣向榮，午休時段一過，淘氣的孩子們又開始奔跑嬉戲，半圓筒型的灰色簡易教室機聲唧唧，那是婦女們學習操作裁縫機奏出來的進行曲。男人們或修房屋或揮汗犁田，家庭主婦哄著孩子、等待外出工作的丈夫歸來。

「土地平曠，屋舍儼然。有良田美池桑竹之屬，阡陌交通，雞犬相聞……」奧莫克大愛村，讓人聯想起陶淵明〈桃花源記〉一文中的祥和鄉土。不同的是，文人筆下的桃源村民，是為逃避秦末戰亂而集體隱居，奧莫克大愛村的菲律賓鄉親，則是因風災摧毀家園，受慈濟基金會與地方政府協助遷居於此。

災後，慈濟投入援助，配合當地政府，組織民眾用自己的雙手及簡單工具，重組從受災學校「退役」轉運而來的簡易教室，立起一棟又一棟白色簡易家屋。

午後的大愛村，戶外豔陽高照，溫度計讀數一如往常停留在三字頭，一般鐵皮、木板搭建的民居，室內比屋外還高十幾度。慈濟提供的「小白屋」相對舒服多了，火傘高張的時刻，只要轉動搖桿，升起屋頂中央的天窗蓋子，蓄積的熱氣便從那散發出去。順暢的對流，調節室內外溫度，讓暫歇的大人、「充電」中的嬰童，都享得片刻好眠。

「蓋房子給別人住，要考量到，若是這間屋子給你，你願意住進去嗎？自己願意住再給別人才有意義。」承擔設計任務的志工張世問，說明賑災用簡易屋考量的重點。

奧莫克大愛村是慈濟在菲律賓所建的最大規模賑災社區，白色簡易住屋及簡易教室井然有序，生活、工作、教育機能俱全。（上圖攝影／李慈光　下圖攝影／陳玉萍）

遵從證嚴法師的指示，研發住屋的慈濟志工團隊，本著為自己家蓋房子的同理心，綜合使用地區民情、居住機能、成本、運輸等多種條件後，推出一套適中的簡易屋設計方案——房屋的面積分別是六坪、八坪。基本設計以六坪大小為基準，內部規畫兩間臥室，一間客廳，廚房、衛浴各一；面積較大的八坪，則是在六坪房的基礎上，多加一間主臥室。

慈濟與菲律賓萊特省地方政府協議結果，家戶人口四人以下，配給六坪大簡易屋，四人以上則是八坪大。在出生率高的菲律賓，一對父母帶五、六個小孩司空見慣，奧莫克大愛村常見一間簡易屋住上七、八口人。雖然擁擠依舊，但在妥善設計下，居民生活品質較以往提升許多。

以往簡陋的鐵皮屋頂，阻擋雨水卻也把陽光擋在外頭，大白天光線不足，小孩讀書寫作業、大人做事都不方便。慈濟的簡易屋外牆與屋頂，選用米白色ＰＰ塑膠材質，不透明卻具高透光性，刺目的陽光通過屋頂，轉化成柔和的照明光線，搭配可開闔的天窗促進空氣對流，大大改善鐵皮木板屋採光及通風不良的問題。

ＰＰ是塑膠材料中安全性較高的一種，耐熱性可達一百二十度，常被用來製造塑膠餐具。至於靠近火源的廚房周圍，則改以水泥板防護。考量到真正居住年數可能超過臨時屋設定的三至五年，因此材料選用均顧及耐久性。

好比用作支架的鋼條，雖然材質是俗稱「黑鐵仔」的普通鋼材，但表面都經過鍍鋅處理，長時間防鏽蝕，若無重大外力破壞可使用十年以上。此外，志工還為簡易屋拉上細鋼索，以增強抗風性能。

「當初設計是能耐八到十級風，好比之前尼伯特颱風侵襲花蓮，風速達到十四級，房子還是好好的在那。」張世問指著設立在靜思精舍停車場旁的兩棟簡易屋解釋道。

解決之道：

中繼簡易屋，安身也安心

在設計出目前的簡易屋、簡易教室之前，慈濟人已經在受助者的住屋問題上，努力了近半世紀。

一九六七年，首次為眼盲老人李阿抛建屋，七〇年代於花蓮為照顧戶興建安身小築，九〇年代於大陸華東、尼泊爾、臺灣中部山區進行的造村工程，慈濟人為受助者建蓋的都是鋼筋水泥房，反映了助人遠離災難、永久安身安心的建屋目標。

及至二十世紀末，九二一地震重創中臺灣，原本的援建概念，增加了中繼簡易屋的選項。「安身才能安心，為使受災民眾身心安頓，造屋工作必須即刻展開！」強震後，證嚴法師巡視災區，看見受災鄉親被迫放棄傾倒的家園，在馬路邊、公園搭帳棚棲身，立即率領營建團隊與政府協調，尋覓建屋用地。

由於受災戶大多住在市區，房屋受損嚴重但基地仍完好，只需暫時安身，等房屋修好或重建完成就可以搬回去，因此慈濟人選用現成的，可以在短時間內組裝的工地用組合屋稍加修改後投入。

慈濟志工洪武正還記得，當初去找廠商洽談，對方得知需求量時嚇了一跳，「因為以前沒有人一次訂購上百間！」

九二一大地震後，慈濟首次興建「中繼屋」安置災民。由工地用組合屋改良而成，板材骨架厚重堅實，施工需仰賴技術工及重機具。（攝影／林宜龍）

這種組合屋只需簡單地基，配好管線組好鋼架，裝上夾隔熱材的烤漆鐵板，一間小屋就成形了，因此在中國大陸被稱為「板房」。組合屋通常充當工人宿舍、臨時辦公室或小吃店面，一般只求能用就好。然而證嚴法師卻要求，給受災鄉親住的組合屋，就是一個「家」，面積要有十二坪，包含三房兩廳一廚一衛，前後開門，每個房間都有窗戶以利空氣流通。

於是，慈濟將大愛村的組合屋設計為雙拼形態，每個單位間距四公尺，採墊高式設計，避免水泥封住土地。社區內主要道路寬達十公尺，並以透水的連鎖磚取代水泥及柏油，讓土地可以呼吸，兼顧環保與後續回收利用。

由於機能建全、環境優美，鄉親「入厝」之後，告別了以帳棚為家，盥洗、睡眠等多所不便的苦日子，重拾了家的溫暖。清一色一樓平房、屋小地大的環境，甚至意外創造出寬廣的遊憩空間，令許多孩子歡呼：「我們的家變大了！」

災後三個月，慈濟共動員了五萬人次志工，於南投、雲林、臺中陸續完成一千七百多戶大愛屋，庇蔭了千戶家庭。

走過最艱難的三年五載，完成階段性任務的房舍，如今依舊在慈濟環保站、園區「續服現役」，發揮遮風蔽雨的良能。

限時考題：

省錢省力，堅固耐用

時間流逝，證明臺灣製組合屋的耐久性可達十年以上，遠超過當初的預期。然而使用後，志工也發現若干缺點與限制。

「熱！」組合屋的隔熱材儘管厚度不薄，但在大太陽、高氣溫下，免不了悶熱。而建材鈍重、須仰賴專業技工與機具的缺點，也讓第一線人員提心吊膽。

「搭建組合屋，最困難、最危險的一步，就是搭梁。」志工魏良旭表示，屋頂的A字型桁架，一個就重達兩、三百公斤，每次上梁需得動用超過十名男性志工，爬上高處作業。當吊車把桁架吊起來安裝時，他的心情總是七上八下的。

九二一地震後，慈濟志工源源不絕來到中臺灣效力，其中有許多泥作、鐵工、水電方面的師傅級技術工，搭建組合屋對他們來說是小意思，一組人約莫十二天就能搭起一間。但在二〇〇八年四川汶川地震的援助工程中，慈濟卻一度面臨「有料無工」的困境。

由於川震災區投入援建的單位很多，待建房屋數量成千上萬，公部門、民間救助團體都競相招募技術工，導致慈濟援建團隊一度陷入缺工窘境。

中國大陸人口眾多，尚且會發生「搶人」窘況，一旦進入真正貧窮落後，教育、基礎建設、工業水準都欠佳的國度，需要技術工、大機具方能組裝的組合屋，處境只怕更為艱難。因此魏良旭等志工興起了把建材、工法簡化的念頭。

「就像某品牌家具一樣，只要一張圖，一些簡單的工具，老人小孩都可以輕易組裝。」魏良旭想把蓋房子變得像組裝小書櫃一樣簡單，證嚴法師則希望以簡易實用的中繼房屋取代帳棚。

由於永久屋在時效上緩不濟急，因此大部分救援團體在災難發生第一時間，都會把輕便的帳棚投入災區充當臨時住所及學校。在政府效能低落、物資嚴重匱乏的國度，受災鄉親以帳棚為家，一住好幾年的情形屢見不鮮。

二〇〇四年歲末南亞大海嘯後，慈濟人前往印尼亞齊、斯里蘭卡勘災時，就看到千戶「帳棚城」。次年十月，中印巴三國交界的喀什米爾，爆發芮氏規模七點六強震，慈濟前往當地，也是先發放一千七百多頂帳棚。期間團員們為確保安全，住在帳棚長達一個月，對「白天熱、晚上冷」的日子留下深刻印象。

「帳棚的優點是輕、移動方便、組裝快，但缺點是高溼、高熱、不耐久，做簡易屋要保有帳棚的優點，避免帳棚的缺點。」張世問表示，一開始先用烤漆鋼板做一個和帳棚差不多大，面積僅一點五坪的樣品屋。

及至二〇一〇年元月海地大地震，外電傳來首都太子港等重災區大雨成災的訊息，許多帳棚都被棚頂的積水壓垮。看到無國界醫師組織的醫師和民眾一樣，把淹進帳棚的水一瓢瓢舀出去，證嚴法師心想連救人的人都自身難保，民眾的處境勢必更為困苦。

研發之路並不好走，要做出好的簡易屋，得克服「室溫熱、體積大、成本貴、重量重」四大難題，並符合材料便宜、容易取得、組裝容易、運輸方便、堅固耐用的要求。

鐵皮、冷凍庫庫板，五十幾個版本一一上場亮相，不適合又鞠躬下臺。幾經嘗試，山不轉路轉，最後在塑膠領域找到合適的材料——聚丙烯（Polypropylene）。這種簡稱ＰＰ的塑膠材質運用範圍廣泛，從裝麵包蛋糕的塑膠袋、奶瓶到捷運站的燈箱廣告看板，都用得上。

以ＰＰ材質製成瓦楞板，中空構造具備隔熱保溫效果，搭配良好的通風設計，可有效解決室溫過熱問題。非金屬的材質特性，也使得它不像鐵皮一樣，一下雨就乒乓作響，若遇火災等緊急情況，亦容易強行破壞逃出。

海地強震後，一位經營化工產業的基督徒企業家，捐贈由ＰＰ瓦楞板製成的摺疊式簡易屋給慈濟賑災，首批二十六間於五月投入海地災區。

有如「手風琴」的簡易屋全重僅四十公斤。打開包裝後，只要三、四人花半小時，把摺疊部位拉開，屋頂、牆壁和地板就成形。再把兩端的牆板立起來，用膠布固定就能入住。

志工們打開通風窗測試室內外溫差，發現室溫雖比戶外高一點，但比帳棚的高熱已舒適許多，塑膠瓦楞板交錯拼成的蜂巢式地基，也能在一定程度上防範淹水問題。「防水、隔熱、方便性，組裝、移動速度快。」即是「手風琴屋」的優點。

不過，思及堅固性和耐久性，摺疊式簡易屋無法滿足三至五年的災後過度期，因此住屋團隊又繼續研發「有皮有骨」的簡易屋。最後，由輕型鐵架搭配ＰＰ瓦楞板的半圓筒型方案，在眾方案中拔得頭籌。

執勤海外：

不怕烈日與寒風

設計圖才剛出爐，遠在非洲南部的辛巴威鄉親，已如大旱望雲霓般，期盼它早日成型送達。

「九百多名學生坐在破爛的帳棚下、樹下上課，黑板用鐵絲掛在樹上，

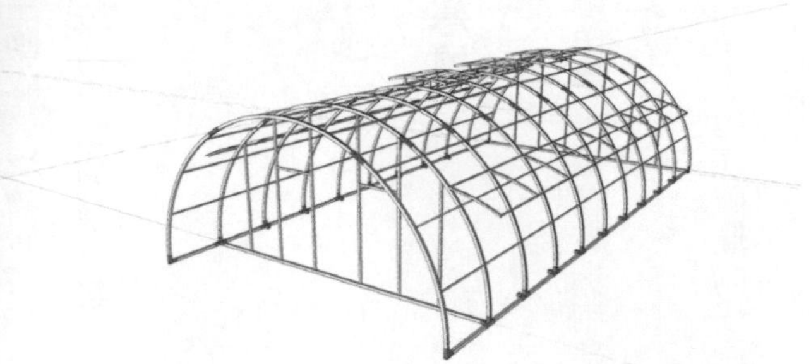

（上圖資料來源／花蓮本會）（下圖攝影／林炎煌）

第一代簡易教室使用半圓筒型鋼架搭配 PP 瓦楞板，持簡單工具即可組裝，首先受益的是辛巴威露天上課的學童。（攝影／林炎煌）

沒處掛的就請學生舉著。孩子們拿著幾張紙趴在沙地上寫字，每個人的筆都短得不像話……」談到辛國首都哈拉雷市艾普沃斯區的自由小學，志工朱金財相當不捨。孩子露天上課，常被烈日晒得頭昏，暴雨一來即被迫停課；在南半球六到八月冬季期間，同學們常手指凍僵無法寫字。

一切的痛苦與不便，都是因為沒有教室。證嚴法師指示為師生們建永久教室，但因學校未正式立案，土地所有權複雜，只能以臨時性的簡易教室應對需求。

「不可能，連政府都做不到了，更何況是一名臺商？」自由小學創辦人修維德．馬凡納對朱金財的提議，不表樂觀。

當時是二〇一二年五月，辛巴威惡性通膨嚴重，面額高達千億的鈔票形同廢紙，買不到幾顆雞蛋，家長交不出學費，師長們也是捉襟見肘。但朱金財還是呼籲大家：「開始整地！」因為臺灣志工已經把簡易教室準備好了。

「二次世界大戰時，美軍就用這種構型做野戰營房，他們用的是帆布，我們現在用的是PP瓦楞板。」洪武正表示，半圓教室不但構造堅固，而且具有「低風阻」的優點，耐風力達到輕度颱風上限，遠高於一般帳棚。

對小學老師來說，那半圓弧線更是現成的數學教材，教室最高點離地三點四七公尺，這個長度就是圓的半徑。而教室的寬度就是直徑，也就是三點四七乘以二，相當於七四七巨無霸客機的客艙寬度，至於長度及面積則可因地制宜，以辛巴威所用的版本估算，室內面積約有三十坪。

為了確保空氣流通避免悶熱，志工們也依循自然法則開設通風口，讓熱空氣由高處天窗逸散，較重的冷空氣則從側面窗戶補入。

概念屋完成後，志工們進行二十四小時室內外溫差測量，發現在氣溫三十多度的大熱天，半圓形簡易教室的室溫僅比外頭高一度，雖不及磚石建造的永久屋，但遠比帳棚舒適。

由細長鋼架，ＰＰ瓦楞板組成的簡易教室，零組件輕便、易於裝櫃運輸，跨出國門的第一間，於二〇一二年十月送抵辛巴威。來自臺灣的營建團隊每天早上六點出門，晚上八點收工，帶領當地人組裝教室，僅僅八天就把七間大型簡易教室組裝好。讓自由小學脫離露天上課，飽受烈日、寒風交相侵襲的苦日子。

使用ＰＰ塑膠瓦楞板為牆體，半圓筒構型的簡易教室，在辛巴威通過了烈日與寒風的考驗，其實用性與妥善率都能滿足使用者需求，也證明了這套方案確實可行。不久，又投入菲律賓的賑災行動。

二〇一三年九月，菲國政府軍與尋求獨立建國的摩洛民族解放陣線於南部港都三寶顏爆發武裝衝突。戰事膠著長達三週，沿海村莊與部分市區毀於兵燹，十萬人被迫逃離，政府不得已徵用學校教室充當收容所，卻排擠了師生們的教學空間。

一個月後，菲律賓中部著名度假勝地保和島，遭規模七點二強震侵襲，六成學校損毀，當地受災學校向慈濟請求援助。

然而，簡易教室第一次在菲國派上用場，卻是在當年十一月海燕強颱過後，由於重災區萊特省損害過重，慈濟衡量輕重緩急，與三寶顏、保和島受災學校協商，把第一批援菲簡易教室，送到颱風重災區。

萊特省長年財政困窘，許多中小學雖然名義上是公立學校，實際上卻是校長、老師自己想辦法維持。當地學校在強颱肆虐前早已破敗不堪，颱風過後，「學生們打傘上課，熱天遮陽，雨天遮雨，老師站著教，同學們也站著聽課。如果地上有草，那就算很『好命』了，有人還站在汙水上課呢！」受災學生的處境，讓訪視災區的志工驚訝又佩服。

有感於菲律賓孩子們克難求學、自強不息的精神，志工們更加用心投入簡易教室、簡易住屋的改進與量產。

組裝簡單：

受災居民現學現做

「我們要讓大家都可以參與，不必買機票出國就能參與國際賑災。」獲悉菲律賓的需求，張世問與住屋團隊，制定出一套結合臺灣本土產業實力與社會資源的生產方案——專業廠商負責較依賴精密機械及熟練技工的上游工序，如鐵管製造、彎曲成型；簡單、重複的下游加工，如沖孔打洞，則由志工群執行。

獲得證嚴法師同意後，住屋團隊選定慈濟后里聯絡處，作為簡易教室生產基地。期間，各行各業、各年齡層志工輪番上陣，銀髮阿嬤、早餐店老闆娘、抽空前來的年輕消防員，都不落人後將「一己之力」發揮到極致！

熟悉臺灣產業的人都知道，中部是製造業重鎮，上至超音速戰鬥機，下至螺絲釘都有廠商可以承接。完整的製造、加工產業鏈，結合苗、中、彰、投等地區的慈濟志工群，構成最可靠的生產力。

由於災區狀況變數多，建地條件未必平整良好，志工在零件製造之初，就刻意把鐵架上的螺絲孔加大一些，預留微調的餘裕空間。

在組裝瓦楞板時，則改以「自攻螺絲」固定，一般螺絲需要事先打好螺絲孔才能鎖進去，但使用自攻螺絲就像釘鐵釘，可直接把板材和骨架「釘」在一起，不但避免了基地不平整導致結構變形、鐵架與板子對不準的問題，在生產零件時也省了許多工。

設計製造簡易教室、簡易屋，不只志工們法喜充滿，貢獻專業的協力廠商也獲益良多。「我曾和孩子說，老了以後要當志工，但他們卻說，你這麼勞碌命的人，怎可能去當志工？剛好這次住屋組的人找我，就用專業做志工的工作了。」鋼材廠商王育芬，對自己能「職志合一」貢獻專業於研發製造，感到萬分榮幸。

在中區志工、專業廠商的協力合作下，簡易教室順利產出、裝櫃，十二月三日，援菲的第一座簡易教室，在萊特省首府獨魯萬市的慈濟臨時服務處禮智興華中學組裝完成！張世問、洪武正等臺灣來的「師傅」，除了組裝給受援學校，也積極培訓當地「學徒」，讓在地人趕緊學會自己動手做。

一百二十八間簡易教室，於萊特島投入使用後，飽受戰火蹂躪的三寶顏也在二〇一四年二月份開始，搭起了期待許久的簡易教室。七間學校、六十二間教室陸續落成啟用，半圓型的新建築，坐落在平整的水泥地上，紓解了各校因收容戰爭難民，導致教室不足的問題。

一開始，援菲簡易教室呈半圓筒構型，除了將屋頂顏色，由全白改為類似軍艦塗裝的淺灰，避免室內透光太亮，其餘部分無大更動。及至二〇一四年三月，有著圓弧型類「人」字屋頂的第二代教室，正式定型上線生產。

「屋頂是圓拱型，牆壁改成直立式，而且有屋簷，比較人性化，也比較好看。」洪武正解說道。

接下來輪到保和島，十六所學校所用的一百五十間二代簡易教室，自二

第二代簡易教室回歸垂直牆面的常規設計，志工善用中臺灣製造業優勢，在慈濟后里聯絡處設立零組件生產線。

〇一四年六月開始搭建工程。志工不只教導居民搭房舍，也將新開發的「福竹磚」製造方法傳授下去。

這種水泥地磚以三橫三縱的竹條，交織成「田」字構造，取代鋼筋置入未乾的水泥做為結構骨幹。水泥乾固脫模後，就成為一呎見方、五公分厚的水泥地磚。將一塊塊地磚拼湊起來，即為地板，將來簡易教室拆解搬遷之後，只要將地磚收起來，就能恢復原來的土地，無需用鐵鎚、氣動工具敲打。

由於閩南語的「竹」與「德」同音，證嚴法師於是將這種以竹材做為內部支柱的地磚，命名為「福竹（德）磚」。儘管不像磁磚細膩精美，但能墊高地板、保持室內整潔，已足以讓師生們安心。

「感覺很踏實、很安全，即便下起大雨，也不必擔心淹水或泥濘。」保和島科德示中央小學校長艾蜜莉雅表示。

強震過後，島上受災學校得到的援助很少，老師、家長、村民們只好編織竹條、木片為牆，以茅草、鋅板、塑膠布覆頂，搭建克難教室，由於庇蔭效果差，師生經常感冒、中暑或暈倒。

簡易教室搭好後，不只教學環境變好，還有人願意捐建圖書館與保健

志工教導保和島鄉親以竹條代替鋼筋，混入水泥製成簡易教室所用地磚，證嚴法師命名為「福竹（德）磚」。（攝影／林炎煌）

室，修整傾倒的圍牆。「慈濟志工不只帶來簡易教室，還觸發善的連動效應。」艾蜜莉雅歡喜地說。

從辛巴威到菲律賓，一座座簡易教室在眾人的期待與祝福下欣然成立，飄送書香、人情香，還有學子們的無限希望。

加強功能：

格局、機能更加完善

當簡易教室於菲律賓多個島嶼從地湧出時，做為住宅的

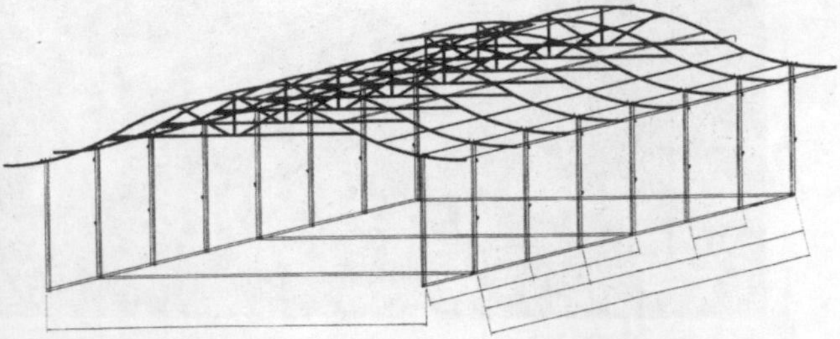

（上圖資料來源／花蓮本會）（下圖攝影／游錫璋）

在菲律賓保和島援建的二代簡易教室，屋簷寬度達一公尺，方便蔽雨，屋頂透光性佳，可將陽光轉化為柔和的天然照明光。（攝影／游錫璋）

簡易屋也快馬加鞭地量產。自二〇一四年四月開始，位於新北市慈濟三峽園區的生產線，就頻頻傳出金屬碰撞的鏗鏘聲，砂輪機打磨鐵件產生的火花，如閃電般瞬間爆發的電焊光芒，照亮了志工們用心、專注的臉龐。

「鐵的厚度由一點二公釐增加到一點六公釐，真的比較牢固。」來自汐止區的吳春榮，略說簡易屋改良的「鈍角」，除了骨架變得更「粗勇」，格局與機能也更適用。

為了避免臺灣房屋「廁所不可對大門」的禁忌，原本衛浴間的門開在屋外，上廁所就得繞到戶外再開衛浴門使用。後來志工遵循證嚴法師慈示，將衛浴間與廚房空間加寬四十公分，並將衛浴間出入口改成兩個橫拉門，如此一來，從室內或戶外都可進入。

「研發團隊所設計的組合屋，是要送至災區，讓民眾能安住、安身、安心，所以不斷地重做、修改，務必修到最完美。」看著六坪、八坪大的「樣品屋」順利搭建完成，年紀不算大但已滿頭白髮的潘春生，終於可以放心睡個好覺。

潘春生身為鐵工廠老闆，他將廠區旁的空地，提供給志工們試搭簡易屋，就近檢視、改進，即使收工休息了，也經常在半夜醒來，思考如何突破遇到的問題。「老天保佑，十天都沒下雨，未延宕工期。」太太鄭美玉語帶慶幸地說，由於天公作美，簡易屋的組裝試作終於如期在四月初完成。

身為老闆娘的她就代為管理工廠，並張羅所需機具，準備水果、點心，讓先生及志工們得以全心投入。「對的事，做就對了。我們是有福的人，才能幫助需要幫助的人。」鄭美玉感恩道。

肩負打造千間簡易屋的重責，北區慈濟志工、會員眾志成城，從十八歲的青年，到八十歲的阿嬤，都來到三峽園區，參與這不出國門的國際賑災行動，也有人遠從南臺灣趕來，貢獻自己深厚的技術功力。「因為慈濟人付出無私的大愛，我才能有機會參與援菲的工程。」信仰基督的羅嗣奇，把來到三峽貢獻專業，視為此生的奇異恩典。

莫拉克颱風肆虐期間，他在臺南的家被洪水淹掉一樓，坐困愁城時，慈濟志工突破險阻送來便當，羅嗣奇感動之餘也亟思回饋。

二〇一四年暑假，友人邀請在職業學校任教的他，北上參與簡易屋製造，羅嗣奇於是帶著焊接的好功夫，來到三峽園區一展身手。

焊槍接觸到方形鐵管，瞬間迸發出不可直視的強光，經驗老到的他以黑色護目鏡遮擋防護，將一條條方管焊接起來，成為簡易屋的門框。

身為專業有證照的電焊老師，羅嗣奇除了自己做，也教導別人怎麼把鐵件焊得更好，同時避免危險。

在教導的同時，他也開了眼界：「知道這些志工都是生手，卻都有使命感，簡直像螞蟻雄兵，效率太高了，整個高產能令人驚奇。」

臺灣志工努力趕工，菲律賓慈濟人則與地方政府積極協調，尋覓簡易屋合適的落腳處，最後擇定二次大戰末期，美國名將麥克阿瑟率軍重返菲律賓的登陸地，比鄰萊特島首府獨魯萬市的帕洛鎮。二〇一四年十二月十七日，迎來首批的一百戶居民。

「比我受災前住的房子還要大！」青年嘎比和太太以及小嬰兒，一家三口入住六坪簡易屋，身為年輕爸爸的他在客廳拉了繩索，為孩子做了個舒適搖籃。二十五歲的哥哥克利斯也住在大愛村，兄弟一同參加以工代賑，向臺灣志工學習建屋，最後用雙手建起了自己的家。

傑森則是在接受以工代賑搭建簡易屋的過程中，學到操作電鋸的技能。

他原以爬樹採收椰汁為業，海燕颱風過後，椰子樹損壞殆盡，於是改當伐木工，帶人上山把死掉的椰子樹鋸倒，運下山加工成木材，等於是另一種「資源回收」。他告訴慈濟志工，風災之後，搬了兩次家，「直到入住大愛村，才開始有一種『擁有的幸福感』。」

這分「幸福」源自全球慈濟人的愛心挹注，簡易屋的PP板材由美國實業家志工生產、骨架零件由臺灣志工加工製造。在帕洛大愛村施工的半年期間，許多國際NGO人士紛紛蒞臨參訪，甚至參與搭建、協助設計、提供物資援助。

保和島地震受災戶入住慈濟簡易屋，其通風及採光優於貧民區的木板屋，居住環境相對舒適。（攝影／李佳美）

之後，菲國慈濟人與奧莫克市政府，也於二〇一四年九月取得用地，展開兩千戶簡易屋援建工程。

時至今日，萊特島上的簡易屋援建工程已

全數完工，數以千計的「小白屋」，象徵著海燕風災陰霾遠離，受災的土地重拾了勃勃生機。

檢視負責設計的簡易屋，張世問表示，現在住屋團隊已吸取經驗改變作法，不在臺灣大量生產、輸出，而是提供技術支援，把設計圖傳給海外的慈濟志工，讓他們就地取材，因地制宜地生產、製造、使用。

好比二〇一四年歲末，馬來西亞東部遭逢世紀水患，當地志工於二〇一五年二月，在檳城北海設立簡易屋建材生產線，全馬各地志工接力投入，利用春節期間連日趕工。生產製造模式仿效臺灣，材料、加工技術都順應當地。

目前，慈濟的簡易教室與簡易屋已在辛巴威、菲律賓、馬來西亞、尼泊爾等國，發揮庇護受災者、貧苦人的功能，也少量設置於靜思精舍及各地靜思堂，一邊使用一邊實驗改進。儘管住屋團隊本著「付出無所求」的精神，

置身地震災區的克難教室，簡易屋及簡易教室主要設計人張世問，仔細檢視設計圖、準備施工事宜。（攝影／游錫璋）

不計較授權、收費，但還是為這些設計申請專利。

「申請專利，目的是保護自己，避免別人搶先登記，慈濟是救災單位，去蓋簡易屋的都是當地志工，看是哪些國家哪些人去負責，蓋多少都沒問題！」張世問說明了守護「智慧財產」的本意。

「安得廣廈千萬間，大庇天下寒士俱歡顏，風雨不動安如山！」秉持佛陀及古聖先賢的悲懷，慈濟人在需要的地方，建立了千萬間愛的小屋，不僅要給受災者一個家，創造「擁有的幸福感」，更希望以「家」為起點，引發愛與善的連鎖效應。

驅黑亮白

太陽能路燈光電系統

二〇一六年，韓國推出了一部結合軍事、愛情、人道援助等多重元素的電視劇《太陽的後裔》。

超級歐巴飾演的軍官柳大尉，與資深玉女飾演的姜醫師，奉派援助某受災小國，兩人在救援的過程中日久生情，譜出患難與共的戀曲。

「太後」的劇情不脫兒女情長的老梗，女醫師穿著高跟鞋搶救震災，也與國際救災實況大有出入，但勇士不畏艱險救人脫困，仁醫不辭辛勞醫治傷患，卻是人道救援現場的真實寫照。

千千萬萬個柳大尉、姜醫師，像太陽般散發光與熱，在險惡的第一線以勇氣與能力守護生命。而在平安的「後方」，也有不少人絞盡腦汁，苦思如何把太陽的光明延伸到日落之後，驅走黑暗帶給人們的恐懼。

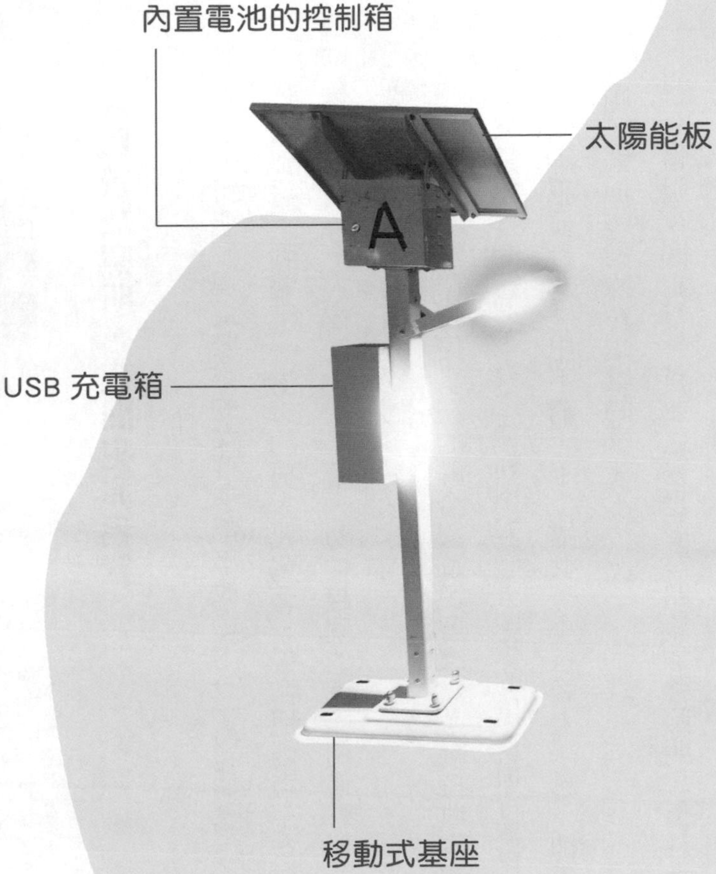

（攝影／簡明安）

特點

小型化、輕量化；耗電九瓦，亮度近千流明，妥善率高，維修需求少，利於賑災使用，亦是超迷你的「供電站」。

應用

慈濟環保站、辛巴威自由小學、慈濟紐西蘭分會。

問題來了：

難民營缺照明，夜間犯罪猖獗

「可惡，連這麼小的女孩子都不放過！」「他往哪跑？」「一片黑漆漆，什麼都看不到啊！」憤怒的男人咒罵著，誓言把傷害小女孩的凶手揪出來。然而難民營一入夜就陷入黑暗，匆忙趕到的大人們連夥伴的臉都看不清楚，要抓遁入暗處的壞人談何容易？

對掌管全球難民事務的聯合國難民署來說，維持收容處所的夜間治安，向來是頭疼問題。不肖之徒利用太陽下山後的黑夜橫行難民營，偷竊、搶劫、性侵等犯罪行為層出不窮，不少婦女、小孩晚上尿急，卻不敢離開帳棚上公廁，就怕碰到躲在暗處的歹徒！

嚇阻夜間犯行，首要之務是廣設路燈加強照明，但許多難民營坐落於貧窮國度，基礎建設既落後又破敗，連大城市都未必有穩定的電力供應，遑論條件更差的難民營。而且主管機關資源匱乏，即使勉強建置輸電線路、設置路燈，後續的維護、保養也是一大問題。

「有沒有不用接電線就能自己發電發光，堅固耐用不需太多維護的照明燈？」守護者提出迫切的需求，請全球科技界、產業界想想辦法。身為國際社會的一員，寶島臺灣的慈濟人不只聽到了，也推出切實可用的太陽能燈具。「這個燈，很多人看了都很驚訝，它使用十二伏特的直流電，每小時耗電量只有九瓦，卻能發出九百流明的亮度！家檯燈用的PL燈管大概二十六瓦，也是八、九百流明，但它的照明範圍只在桌面。」

參與研發的照明器材廠商章聰明表示，賑災用太陽能路燈，光源離地三公尺，使用LED搭配特殊設計的透鏡，照明範圍為六公尺乘十二公尺。這個規格在臺灣，通常用作公園的景觀路燈，和四線道大馬路旁、三層樓高的大型路燈相較，高度只有三分之一，在燈火通明的臺灣城市中並不顯眼。

但在沒有電力供應的地方，這盞燈就是光明與希望，慈濟志工實測後發現，若能沿著營內道路每隔二十公尺樹立一盞，就能形成連續照明帶，不僅利於維護治安，減少摸黑偷搶、性侵等犯行，也方便受助鄉親在夜間工作與活動。

解決之道：

風光綠能，太陽勝出

耗電九瓦，亮度近千流明，卻有不輸一般路燈的照明效果，背後的技術與學問絕非等閒。

章聰明記得，自己是在二〇一〇年，受志工嚴聖炎之邀加入慈濟的「綠能小組」，投入太陽能路燈光電系統的開發。當時做的，不只是單一的太陽能光電，而是「風光互補」的雙重綠色能源系統。

「臺灣處在北緯二十二度到二十五度之間，剛好是太平洋和大陸氣流的中間地帶，很奇妙的一個地理環境。」嚴聖炎表示，臺灣氣候的特性，經常是太陽露臉時沒什麼風，但陰天時風特別大。因此，最初研製的系統就是以「風光互補」的模式運行，隨天候狀況「追逐風、追逐太陽」，收集不同形式的能源。在太陽能部分，志工們增設了「追陽」功能，也就是讓太陽能板如向日葵一般，隨著太陽入射角調整板面角度，盡量與陽光垂直，以便吸收

風力發電機的組裝、調校、維護技術要求較高，
機組磨耗較大，因此綠能小組捨「風」就「光」。
（照片提供／嚴聖炎）

最多的太陽能。

在介紹這套系統時，他們常用手遮擋陽光，使光感應器誤以為陽光的入射角度改變，啟動馬達轉動太陽能板，以此展示如向日葵般自動向陽的特色。根據綠能小組統計，具有「追陽」功能的太陽能系統，其能源吸收量較傳統固定不動的板子，增加百分之四十。

光電之外，大家也在風電方面下了不少功夫，章聰明加入團隊的第一項任務，就是幫風力發電機組打造「擎天柱」。「那是三千瓦的風力發電機，需要很大的柱子，他們擔心颱風來襲時可能被吹壞，要求做成可摺式，可以彎曲減少風阻。」

三千瓦的風力機組，光是發電機就有兩百七十六公斤，加上葉片的重量更為可觀，要把這沈重的「機頭」安裝在高處承接風力，施工的每一步都得小心戒慎。

大夥測量發電機的規格，據此繪出支撐柱的設計圖，其中柱頭與發電機接合的部分，要鑽十二個螺絲孔，每個孔的口徑只能比螺絲的直徑多一公釐，方能鎖得牢固。為了避免損壞機器，小組成員們只把設計圖和相關數據交給章聰明，不敢把實物送到位於林口的廠區測量。

所幸他以高度精準的工藝，滿足了嚴苛的需求，按圖施工精心打造的支柱，與慈濟人買進的發電機組確實吻合，讓志工們鬆了一口氣。為了把機組安放到指定位置，綠能小組還特別請專業的吊車進行吊掛作業。

一組人在頂樓，用無線電指揮停車場上的吊車，小心翼翼地把可摺式鐵柱吊上頂樓裝好，再用油壓驅動上面的「法藍關節」，讓柱頭彎下來以裝設發電機和扇葉。操作吊車的司機大姊技藝精湛，快又精準的作業讓綠能志工們驚歎連連，卻也無意中暴露了過度精密、鈍重的風力發電機組，不適合用於賑災的問題。

試想，如果某些地區連大卡車都不好找，要調來更「稀有」的專業吊車，豈不更難？「葉片只要有一片不對稱，轉起來就會抖動，第一會產生聲音，第二會使其他葉片或機械器材受損。」嚴聖炎以過來人的經驗提醒，風力機的組裝看起來容易，其實每一步都是非常精細的「手工藝」。

由於技術要求高，設置、保養、維護都需要專業人員，綠能小組最後只好捨棄風力發電，全力研發太陽能。

經驗教訓：

能源消耗愈少，發揮空間愈大

太陽能系統直接將太陽光轉換為電能，而風力發電則是藉由風吹扇葉轉動發電機產生電能。

多了高速運轉的機械裝置，風力發電機組的磨耗，保養維修的需求，自然比近乎靜止不動的太陽能光電系統高出許多。妥善率高，維修需求少，利於賑災使用，是綠能小組志工捨「風」就「光」，最重要的關鍵。

而且早在二〇〇二年，慈濟基金會營建處就在慈濟大學進行長達六個月的太陽能路燈測試。證明實用可行後，慈濟所屬醫院、學校及靜思堂均大量裝設，甚至連遠在泰北清邁的慈濟學校，也以太陽能路燈提供夜間照明。

二〇〇六年九月，尚未完工的臺中慈濟醫院，啟用了六片巨型太陽能板，高達一百千瓦的總發電量，為當時臺灣太陽能光電系統之冠。大型公共建築的綠色能源設施，特別是太陽能系統方面，慈濟已有不少成功範例。

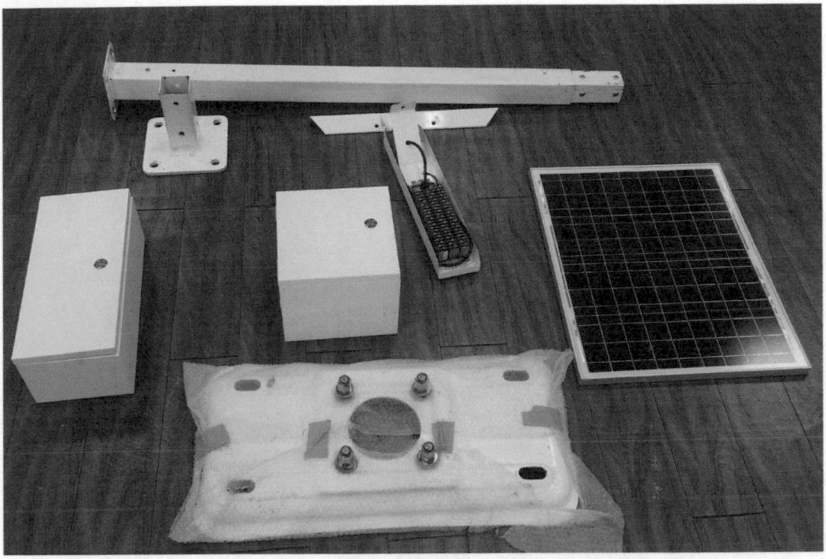

太陽能路燈照明設備，包括（後方）燈桿與基座連接頭，（中間由左至右）USB充電箱、控制箱、LED燈組、太陽能板，（前方）移動式基座，供臨時架設使用。（攝影／簡明安）

不過早年設立的太陽能路燈，功率較高、耗電量大，加上蓄電池效能較落後，還是得拖一條「電線尾巴」，靠市電以補不足。不少廠商和研究機構雄心勃勃，一心想讓太陽能路燈「自給自足」，和電力公司說再見，結果卻不如人意。

「我也曾經走過這條路，這個想法都失敗啊！」章聰明舉例說明，如果原本路燈的耗電量是兩百五十瓦，那麼用LED取而代之，耗電量就降到一百瓦，沿用市電的確可以省不少電費，但如果要完全靠太陽能供電，耗費恐怕先嚇倒審核預算的人。「一百瓦的耗電量，背後所需設備龐大，太陽能板的發電效率要達到每小時三百到四百瓦。板子大，燈桿相對變粗，整個結構改變，建置成本非常高。」

章聰明約略估算，一支亮度比照兩百五十瓦一般路燈的全太陽能路燈，成本是普通路燈的兩倍以上。如果想要省錢省成本，就要與市電並聯，以便太陽能不足時供電，但「並聯後還是要埋設電線，那就沒有意義啊！」高功率太陽能路燈成本太高，設備龐大維護不易，顯然不適合用在物資、技術人員俱缺的災難地區。記取先前失敗的教訓，嚴聖炎、章聰明等研發志工，改採使用低功率燈具，用技術提升照明效能的新思維。

幾經測試後，終於達到耗電量九瓦，發光效率近千流明的理想目標。也因為所需電量大減，太陽能板、電池、燈桿等支援設備也隨之小型化、輕量化。「太陽能板現在是用五十瓦的，電池規格用48AH（安培／小時），電燈耗用的能源只有一點點，充進來的電量大，輸出去的很少，電池使用時間就變長，連續五到六個陰天還可以點亮。」

經過精心設計的太陽能路燈，無需挖深坑、灌水泥，只需兩個人，用簡單工具就能組裝。（攝影／陳美玉）

章聰明細數低耗能的好處，由於燈具的耗電量僅占太陽能板所產能源的一小部分，儲存在電池的大部分能源就能轉作他用。

因此，志工們特地設計一個小小的USB充電箱，必要時可以裝在燈桿上，與蓄電池連線。如此一來，路燈不再只是路燈，也是超迷你的「供電站」。

當然，小小太陽能板的供電能力不足以驅動冰箱、冷氣等高耗能電器，但用來替行動裝置充電、供省電的照明燈使用，綽綽有餘。

賑災戰術：平日分散布署，災時集中運用

研發團隊規畫，架設太陽能路燈的同時，也發充電式的ＬＥＤ燈給災民，白天利用太陽能板產生的多餘電力為電池充電，入夜前再把電池帶回家，接上家用ＬＥＤ燈就能提供照明。

按照現今的光電技術，一盞功率僅一瓦的ＬＥＤ燈，可照亮六坪大的空間，足以作為帳棚或急難屋的主要光源。

如此一來，慈濟的太陽能路燈光電系統，不只能提供公共照明，還能讓千家萬戶亮起來，帳棚的孩子，也能好好做功課，不因晚間沒有照明而耽誤學業。

「一個ＬＥＤ燈可以用十年，只要換電池就可以。」嚴聖炎表示，整套系統最難克服的部分，是電池的壽命，其他部位如太陽能板、ＬＥＤ燈具的耐久性及妥善率都令人滿意。

好用、耐用的祕訣，在經過深思熟慮後的簡化設計。為了避免馬達故障「追陽」機制停擺，綠能小組將太陽能板改為「手動可調式」，能依照使用地區的緯度、太陽角度進行手動調整。

因應暴雨或沙塵暴等惡劣天候，志工將LED燈具的水密性能強化，達到IP67的頂級標準，相當於潛水伕使用的水下作業燈具。

在志工嚴聖炎（左）接引下，章聰明貢獻技術於人道援助，與慈濟人合作打造太陽能路燈，為無電力的受災區提供有效照明。（照片提供／嚴聖炎）

有鑒於落後地區缺乏機具和建材物資，慈濟的太陽能路燈經過精心設計，不需要挖深坑、灌水泥，只需兩個人，用簡單工具就能組裝。先用鐵鎚，甚至石頭，將一公尺長的基樁「釘」進土，基樁的尖端裝有活動倒鉤，能牢牢勾住土石，這一個有如「地錨」的設計，令起歹念者無法輕易「拔樁」，降低失竊風險。

打好基樁後，插入三公尺高的燈桿，上螺絲栓緊。如同基樁一般，賑災用太陽能路燈的螺絲也考量到防盜，不論螺絲釘還是起子，都是不容易買到的特殊規格，普通的一字或十字起子無法旋動，讓安全性再添一分。

志工們甚至改變傳統路燈把控制箱放在底部的設計，將這重要部件放在燈桿上端，一來避免偷竊破壞，二來可用太陽能板擋雨。並捨棄耗能的散熱風扇，改在箱子的側邊和底部開通風孔，以自然的空氣對流散熱。模擬最惡劣的情況為設計出發點的太陽能路燈，的確能滿足賑災所需。但原始設計者嚴聖炎卻希望各地慈濟會所、環保站多使用它，在平安的時候就儲備快速反應的賑災能量。

設置於花蓮靜思堂旁的太陽能路燈，可自行吸收太陽能發電並照明。

「平時就架設在各環保站，現在花蓮、中山、萬華、內湖

慈濟北區急難救助隊志工（右）指導綠能組學員學習組裝太陽能照明設備。（攝影／許金福）

的環保站，還有紐西蘭慈濟分會都有，一有狀況，螺絲一拆就運走。我們平常就使用它，讓電池活化延長壽命，有災難時可立即拔起，基樁留在原地，燈具送到災區去用！調走的燈，三週後就能補齊。」

嚴聖炎的「賑災戰術」源自於莫拉克風災的教訓，由於輸電線路損毀，許多重災區如屏東的林邊、佳冬，一入夜就陷入黑暗。照明不足路況不明，對身陷災區的鄉親、志工、救難人員都是風險，也因此衍生出了「平日分散布署，災時集中運用」的思維。

「賑災是要什麼有什麼，而不是有什麼給什麼！但最好是天下無災難，備而不用。」嚴聖炎語帶幾分「恃吾有以待之」的戒慎。

美國著名趨勢作家佛里曼在《地球又熱、又平、又擠》一書中指出，來自「地獄」的能源如煤、石油，已造成嚴重的環境汙染及氣候變遷問題，而且這些資源不可再生，只會日益匱乏。人類必須減少對「地獄能源」的依賴，以來自「天堂」的能源如風力、太陽能取而代之。

因應日益嚴重的氣候變遷危機，以及化石燃料不可再生、高汙染等問題，歐盟諸國、中國大陸已在綠色能源領域投入大量資源，就連「富得流油」的阿拉伯諸國，也開始為石油時代的終結未雨綢繆。

當世界各國的研究機構、廠商企業，絞盡腦汁從風和陽光中「抓」取更多能源，致力於以綠能取代傳統能源時，慈濟人卻從賑災用綠能系統的研發

慈濟為辛巴威自由小學設置太陽能路燈，提供良好的夜間照明。（照片提供／朱金財）

中，體悟到另外一番道理。

「綠能是勢在必行的，我們能為子孫留下什麼？架設綠能設施的時候，要由後往前推，先了解一天日常中耗費多少電，再設計符合的設備，計算需要多少發電量，不是給多少用多少不知節制。」

嚴聖炎認為，使用能源需要教育，如同醫院的衛教一樣。首要之務是選用低耗電但高效能的電器，好比耗電九瓦卻能發出近千流明亮度的ＬＥＤ燈。其次是節能的行動，好比電腦不用時就確實關機，避免不必要的能源消耗。若能先做好降低耗能、節能的功夫，今後綠色能源將有更大的發揮空間。

「太陽能路燈就是要發揮良能，將陽光匯集成能量，綻放光明，把每一分力量用於需要的地方，安定人的身心！」章聰明轉述證嚴法師對這項賑災燈具的期許。

造型纖細簡約，卻蘊含縝密思量的科技人文，太陽能路燈光電系統不以強大取勝，而是以適切、合用見長。它或許無法照亮整個城市的夜空，滿足人們城開不夜的逸樂需求，但已足夠驅散黑夜的恐懼與障礙，令心存歹念者不敢為惡，使努力奮進的孩子可以「就光展書讀」。

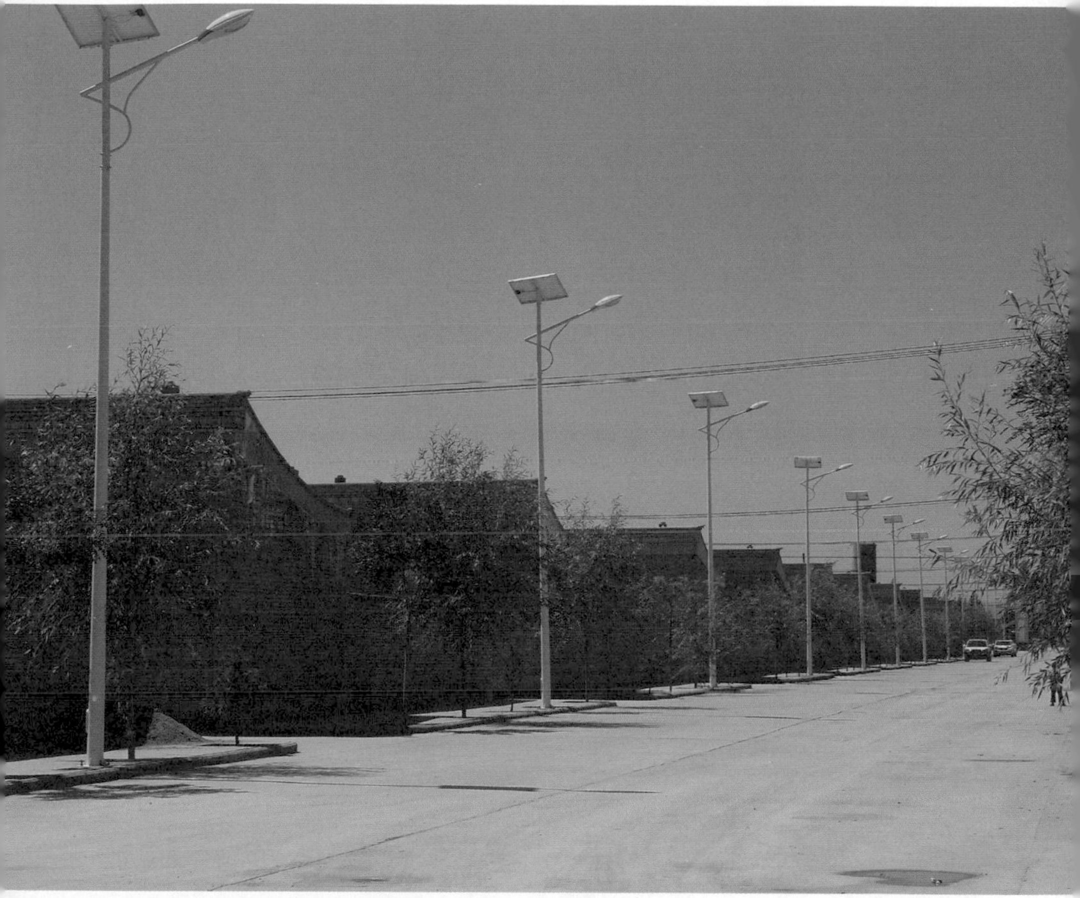

慈濟於甘肅省靖遠縣興建移民村，採用太陽能及市電並聯路燈，節省電費支出。（攝影／高明善）

摺疊變身

福慧床具系列

哆啦Ａ夢和阿拉丁神燈，兩者有什麼共同點呢？

「都是外國人。」

「都能變出東西。」

「都接受許願，有求必應。」

對，對，對，都沒錯！是不是人人都想有一個哆啦Ａ夢當寵物，都想要一位燈神當朋友？當然囉，生活當中難免有不時之需，萬一遭逢天災人禍，誰不希望貼心的援助出現！

日本吉卜力工作室動畫電影《借物少女艾莉緹》，描述一群居住在人類房屋地下的小矮人，常乘人不備出來「分享」人類的物品。

而在真實世界，發明王子靠著毅力，從大千世界借來助人的好點子，輕鬆「一提」就能變出家具來，真正「分享」給所有需要的人。

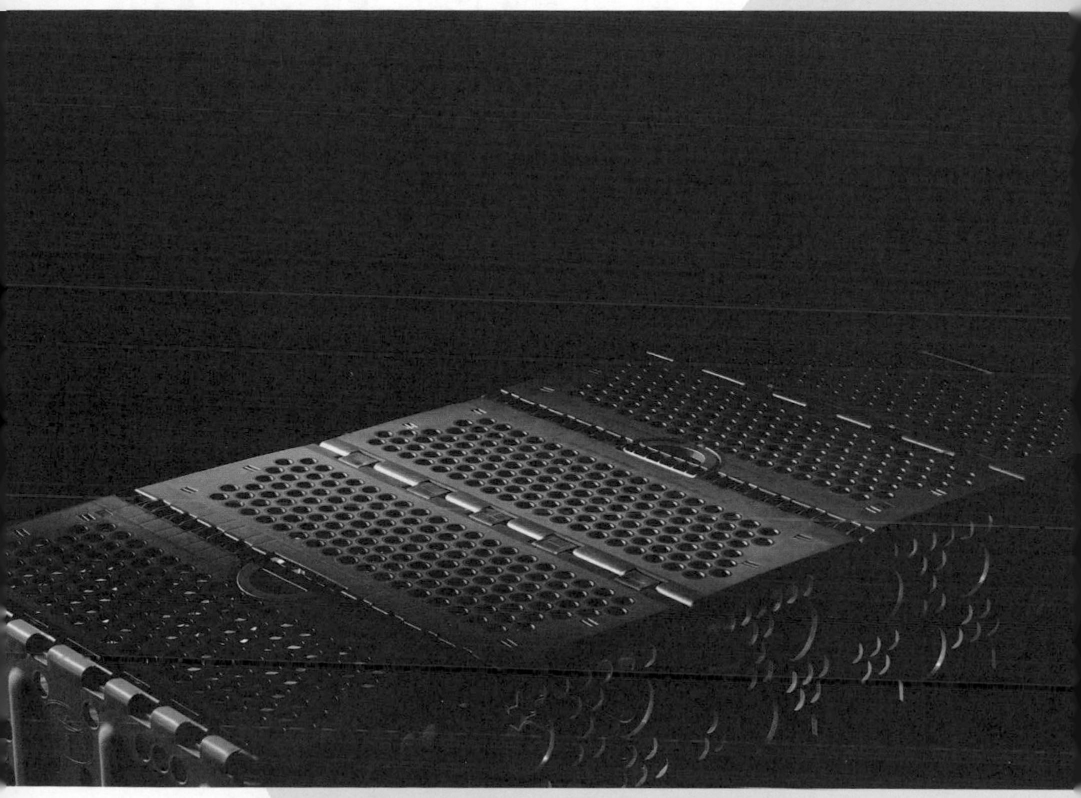

特點

無須組裝，十秒即可快速展開，做為單人床、雙邊或單邊座椅，讓人遠離地表溼氣及蟲蟻侵擾。

應用

南臺灣大地震搜救現場、尼伯特風災安置、菲律賓海燕風災、西非伊波拉疫後醫療援助等廣泛運用；臺灣不少救難單位基於未雨綢繆的考量，也大量備置。

問題來了：

受災後，難以安眠

二〇一六年七月八日，強烈颱風尼伯特於臺東縣太麻里鄉登陸，十七級陣風吹倒停放在臺東火車站的十九噸重貨車廂，將市區掃得滿目瘡痍。失去屋頂的房子，隨即被傾盆大雨攻陷，被褥、床墊都溼透了，由合板釘成的木製床架，也因為受潮變形而不堪使用。

歷經一夜驚魂，受災鄉親人雖平安，但家園已殘破，甚至連安眠的處所都沒有。無家可歸的人被迫撤到收容所，入夜後不是睡桌子上就是打地鋪，直到慈濟志工從花蓮南下伸援。

「有人來的時候，就這樣稍微提起來一下。」慈濟人向暫居於太麻里鄉香蘭村收容所的村長及村民們，示範「福慧床」的使用方法。中央的手把輕輕一提，中間的兩張床板隨即豎立合起，前後一秒的瞬間，一張單人床就變成有靠背的椅子。

慈濟總共在重災區太麻里鄉發放了四十六張福慧床，數量雖然不多，卻大大鼓舞了受災戶低迷的情緒，畢竟晚上能睡個好覺，白天就更有精神為家園打拚。

「來，先拉開，左右各有卡榫，對準後往下輕輕拍，就可以固定。」廖先生照著志工的示範試做一次，凝重的臉終於露出笑容，「睡在上面很舒服，可以移來移去，很方便，朋友來也可以坐。天氣太熱，還可以搬到外面。」

因為容易收納、搬運，又有足夠的承載力，能讓人遠離地表溼氣及蟲蟻的侵擾，「福慧床」不僅在急難時發揮功能，不少救難單位基於未雨綢繆的考量，也大量備置。

二〇一四年，這張多功能的「福慧床」在來自五十多個國家，四千八百多件參賽作品中脫穎而出，贏得了德國紅點設計獎（Red Dot Design Award）「最高品質獎」。

談到獲得紅點，這個號稱「設計界奧斯卡」的獎項，生長於菲律賓慈濟家庭的設計者蔡昇倫不敢居功，因為早在九二一大地震後，證嚴法師就提出設計「簡易床」的構想，希望解除民眾被迫睡在冰冷地表的痛苦。

解決之道：

研發簡易組合式睡床

促使蔡昇倫從本行建築設計跨界到工業設計，研發福慧床的主因，要從二〇一〇年夏天的巴基斯坦水患說起。當時巴國主要河川印度河流域暴雨成災，導致兩千人喪生、兩千萬人流離失所。

慈濟賑災團前往巴國發放毛毯與糧食，行至信德省塔塔縣的蘇加瓦鎮，見萬千民眾窩居帳棚，有毛毯或塑膠布鋪蓋已算幸運；真的一無所有者，只能和衣躺在泥土地上過夜。

失去家當的父母，用幾根木條撐起一塊布，勉強湊出有遮蓋的小地方，讓女嬰夏娜安身。

慈濟賑災團把影像傳回臺灣花蓮本會時，證嚴法師看到受災民眾失去所有，忍受溼冷勉強安身的困境，非常不捨。洪水過後的惡劣環境，連大人都受不了，更何況未滿月的嬰兒？

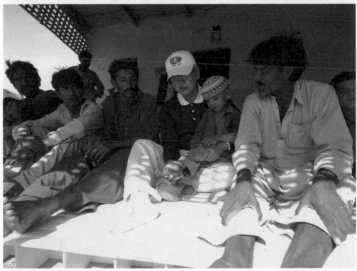

將PP瓦楞板裁製成長條形支架板，交錯組合成格狀結構，再鋪上塑膠蓆面，即成巴基斯坦水患災民暫時安身的床。（攝影／蕭耀華）

夏娜的處境顯示當地急切的需求，迫使慈濟加快「簡易組合式睡床」的研發。

它本是美國慈濟志工張義朗，為援助海地強震災情而設計，當時設計案還在測試修改階段，但巴基斯坦需求刻不容緩，於是他趕回臺灣，報告最新改良方案。

張義朗的設計，可用「克難創意」來形容，床組總重約二十公斤，一個人即可搬運，材質採用塑膠質的ＰＰ瓦楞板，具備無異味、不怕泥水浸泡又容易清潔的優點，頗能適應水患環境。

床面內含空氣層，不僅讓使用者感到溫暖、柔軟，睡得舒服，也可摺疊或捲起以方便搬運、收納。長寬為兩百六十乘以兩百公分、面積約一點五六坪，可躺上四到六位成人，等於讓一家人共享一張床。

床架由寬度十公分的長板，以「井」字交叉組成立體架構，支撐床面離地十公分，有效隔離溼氣與低溫。

為了方便裝櫃運送，製造廠商把每條十公分寬的床架零件，一條條地「刻」在整片ＰＰ瓦楞板上。如此一來，所有床架零件出廠時，都是易於搬運的薄板，運到現地後再拆下組裝。

變更設計：

多功能摺疊平臺，瘦身成功

因應需求，簡易組合式睡床緊急量產，美國慈濟志工將九千六百多個床組及塑膠布，裝成十二個貨櫃，分兩批海運到巴基斯坦。

賑災團員抵達巴國蘇加瓦鎮後的第一件工作，就是向鎮長及村長們，展示組合床的實用性，這個「重大任務」由體重頗具分量的志工吳啟明負責。一躺下去，全場歡呼！

一個人沒問題，一家人也撐得住。志工們把睡床運到小女嬰夏娜居住的村落，發放給三十多戶居民，並把特別製作的嬰兒床，送給當時已近四個月大的她。

美國慈濟人設計的簡易組合式睡床，嘉惠了數萬巴基斯坦受災民眾。但事後檢討，發現有改進的空間——床組零件打包後，長度超過兩公尺，重量雖不致太重，但一個人搬仍是不便；床架條不容易拆出，切割過後的ＰＰ板邊緣鋒利如刀，許多志工及鄉親不慎在拆卸時割傷了手。

吸取前人的經驗，檢視市售的各式床具，蔡昇倫發現：「行軍床是布和鐵架做的，太軟，老人家睡幾天就不想用了；充氣床如果被刺破，沒氣了怎麼辦？沙發床、鐵床都那麼重……海綿墊碰到再度淹水就完蛋了！」

幾番勞神苦思，蔡昇倫漸漸摸索出一套「多功能摺疊平臺」方案。為了避免合板家具受潮變形、鐵製床架泡水生鏽的缺失，並確保使用者的健康，他特地選用食品級的ＰＰ塑膠打造床板，以不傷身體、無刺激性的考量為上。

摺疊平臺的床面由六塊塑膠板組成，床架部分由左右兩側各六面的側板，以及前後各一的底板構成。板子背後以六角形蜂巢結構增強支撐力，板子交接處則以不鏽鋼管貫串。使用時展開，是一張單人床大小；收納時，只要握住六片床板間的三個把手，往上一提，兩百公分的長方體瞬間縮成三個

A字形。

「別忘了開洞讓水流過去。」聽取初步的設計報告後，證嚴法師指示改良，蔡昇倫從善如流，在每塊側板上設計圓孔，兩端底板則開圓柱形孔洞，推出第一版。

由於證嚴法師常以「福慧雙修」期勉慈濟人，蔡昇倫設計的多功能摺疊平臺，因此被賦予「福慧床」的雅號。之後，為了改善不透氣、散熱不良的缺失，蔡昇倫將第二版改成床面滿布六角形孔洞的「洞洞床」，也一併解決過重的缺點。

然而有如網狀的結構，卻大大降低承載力與耐用性。蔡昇倫採取折衷辦法，將床板正面的六角形孔洞改為圓形，補強了承重及耐久性能，並降低側板與底板的高度。第一版的重量原本是二十五公斤上下，最後的版本減到十五公斤。

多功能福慧床

- 15公斤，PP塑膠板床體
- 展開尺寸 長202×寬75×高28公分
- 收納尺寸 75×16×63公分
- 可承重150公斤

收納步驟

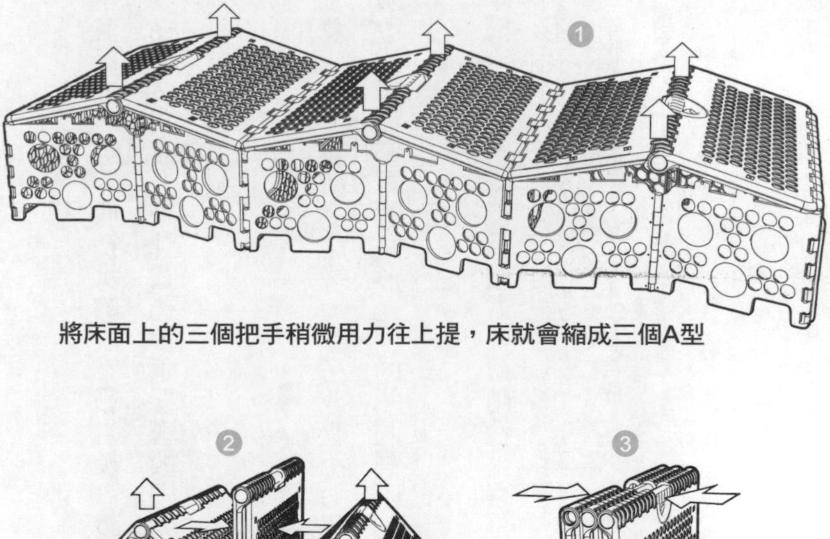

將床面上的三個把手稍微用力往上提，床就會縮成三個A型

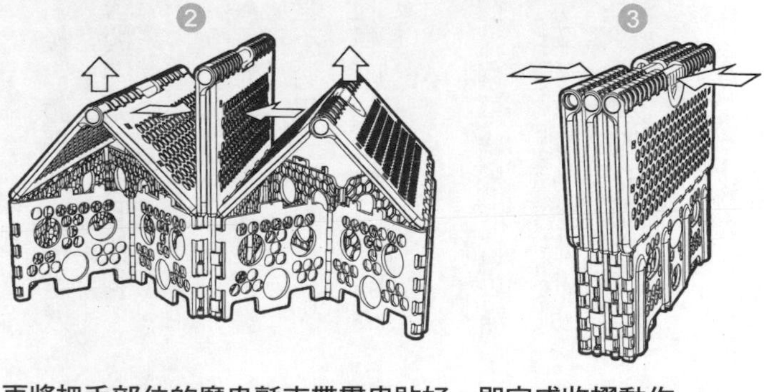

再將把手部位的魔鬼氈束帶貫串貼好，即完成收摺動作

蔡昇倫以「吉祥臥」姿態，躺臥在福慧床上；後方的摺疊式系列家具，可滿足受災民眾、賑災人員的生活起居需求。（攝影／劉國泰）

收納便利：「一卡皮箱」，提了就走

蔡昇倫花了三年的時間，不斷嘗試、修改，終於在二〇一三年推出成熟、可以量產的成品。

那年春節，海內外慈濟志工回到靜思精舍過年，因為人數眾多，原有床位不夠，精舍於是開放舊廚房的空間，把福慧床擺出來，供志工們使用並收集意見。

試用後發現，如果地面粗糙，床就很穩，假使地板光滑，便會滑動。蔡昇倫於是增強止滑功能，小修之後正式定型。

量產型的福慧床展開後，長兩百零二公分，寬七十五公分，高度二十八公分，可承重一百五十公斤，尺寸、強度都符合一般單人床的標準。摺疊之後寬度不變，高度增為六十三公分，厚度只有十六公分，約是「一卡皮箱」的大小，不論運送、收納都非常方便。

那年十一月，慈濟援助菲律賓海燕風災時，「福慧床」展現了便於大量運輸的優勢。

「海燕風災後，我留守花蓮，妹妹青兒、姊姊奇姍、哥哥昇航都去了第一線。」當時福慧床才剛推出，身為設計者的他得留在臺灣，檢視包裝、運輸、通關等作業。一連串過程，驗證了當初的設計概念——一個四十呎標準貨櫃，可以裝五百張福慧床，一般的摺疊鐵床，大純只能裝幾十張。

「海燕風災後那兩個星期，前往災區的志工們是鋪草蓆睡在水泥地上，後來有福慧床，就『享福』了！」大哥蔡昇航道出第一手使用心得，弟弟的創意研發，不僅讓賑災的志工們免於睡地板之苦，劫後餘生的受災鄉親也接著受惠。

二〇一四年二月，菲律賓慈濟志工來到災區奧莫克市，訪視被市政府安置在臨時屋的民眾，並將福慧床發放給他們。三個月後回訪複查，發現居民們已將這份安身好物，運用得淋漓盡致。

「如果沒有這張床，我們就得在屋睡，但面很熱……」雙腳先天畸形的婦人奧菲利亞，聊起了災後遷居的生活點滴。臨時屋十分窄小又通風不佳，奧菲利亞與稚子難耐燠熱，索性把福慧床搬到屋外，乘著清涼晚風睡覺。

「白天做生意時把它當椅子坐，晚上就全部展開當床睡。」在家門口賣零食的康瑟森說道。

國際肯定：

紅點設計獎「最高品質獎」

對從事設計的人來說，德國的紅點設計獎、瑞士日內瓦國際發明獎，以及美國匹茲堡國際發明獎是三大頂尖獎項，其中又以紅點的標準最高，最難獲得。蔡昇倫初試啼聲就挑戰最難的，當他得知競爭者來頭時，不禁心頭一顫：「他們都是國際知名品牌啊！」

他懷著無所求的心念參賽，不奢求得獎，而是希望藉此廣結善緣，爭取與國際設計、發明界人士交流的機會，把佛教慈悲精神藉由設計傳達廣布。

收合方便的福慧床，讓遭受水患的莫三比克婦女輕易「頂」回家。（攝影／蕭耀華）

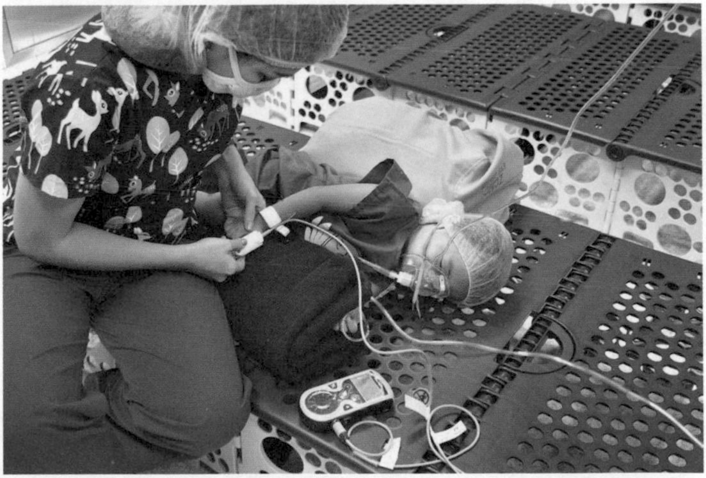

慈濟於菲律賓南部三寶顏市進行義診，在臨時診療地點，醫護人員展開福慧床，讓病人接受診療。（ 相片提供／花蓮本會）

二〇一四年七月，從德國捎來的好消息，福慧床獲得了第六十屆紅點設計獎「最高品質獎」。

當年的紅點專刊《每件產品都訴說著故事》，精要地說明了蔡昇倫獲獎緣由：「……福慧床協助受災民眾得到充分休息，在睡眠中恢復體力，同時讓大腦有足夠的時間調適心情，處理災難造成的心理衝擊。」

福慧床的成功，顯示以慈悲、助人為出發點的設計概念，已獲得世界性的肯定，甚至足以成為一種新趨勢。

福慧床獲得紅點獎後，蔡昇倫又以同樣的設計概念，推出了「福慧桌椅」，延續既有床具的優點，輕輕一提就合攏、符合人體工學好搬運，可滿足家庭生活起居、學童就學讀書、賑災人員集會等多樣需求。

為了顧及環保及方便搬運，他在包裝方面也下了不少功夫，不僅將使用說明直接印在紙盒上，省掉內附說明書的紙本消耗，更將包裝紙板設計成簡易床墊，拆下之後可固定在展開的福慧床上。紙盒下端則是兩個回收紙捲做成的小輪子。整組包裝命名「盒而為一」，一推出就讓人眼睛一亮。

福慧床及後續創作，被紅點設計獎創辦人彼得·賽克（Dr. Peter Zec），譽為「好用又環保」的設計，中國好設計評委何人可與中國工業設計之父柳冠中教授，也不約而同地以「具有社會責任的設計」，形容這些為助人而打造的傑作。

之後，蔡昇倫又陸續獲得匹茲堡國際發明展、紐倫堡國際發明展等多個獎項。在二〇一六年四月瑞士日內瓦國際發明展中，一舉囊括了四面金牌及一面銀牌獎，更特別的是，主辦單位除了肯定他的創意，也連帶表揚他的「師公上人」，特別頒發「發明教育貢獻獎」給證嚴法師。

繼福慧床之後，蔡昇倫又研發出多項新產品，總共取得三十餘項專利，獲頒七項設計大獎，四十二項發明獎。二〇一六年十一月，又多了一座該年度十大傑出青年「華裔青年特別獎」，表彰他以建築專業為慈善、醫療付出，結合慈悲與創意研發賑災器具的貢獻。

然而，他始終謹記證嚴法師的教誨，把外界的肯定當警惕，把握參展、領獎的機會，廣結善緣。為數不多的歐洲慈濟人，乘著協助參展的機會，向德、法、瑞士等國人士宣揚「來自臺灣的愛」。

跟隨父母進場看展的孩子，一看到福慧床就玩興大發。小女孩使盡力氣，試圖把重十五公斤的摺疊床整個提起來，大一點的孩子則是互助合作，把中段的兩塊板子立起來，讓床變成了椅子。

其中，二〇一四年東歐小國波士尼亞水災後的援助，特別引起歐洲人士的共鳴。當時慈濟志工林美鳳與德籍夫婿加入人數不多的慈濟賑災團，一抵達災區就看到路上堆滿了垃圾，其中很多都是泡了水的床墊。

「淹水後很多人沒錢買新家具，又不能睡在溼的彈簧墊上面，只好睡地上。」賑災團抵達時已是十一月，溫度冷到會結冰了。志工們於是帶動中學生，將福慧床搬到受助者家中，展開打平並鋪上被毯。當地鄉親，尤其很多老人家非常感動，終於不用席地而睡了。

因為實用性高，福慧床推出短短兩、三年，就廣泛運用於慈濟的急難救助及賑災場合。二〇一五年六月，八仙樂園塵爆事件造成近五百名青年與青少年燒燙傷，慈濟志工從慈濟板橋、三重園區，緊急調運二十一張福慧床到亞東醫院，展開床架、鋪設毛毯、放置枕頭，不到一小時就協助院方布置好一間家屬休息室。

在對抗西非伊波拉病毒的防疫行動中，由於資源缺乏，當地醫療機構很

蔡昇倫（中）參加二〇一四年德國紅點設計大獎，以代表作「淨斯多功能福慧床」榮獲「最高品質獎」。

二〇一五年尼泊爾大地震後，慈濟志工致贈福慧床給住在帳棚中的居民，兩、三張床併起來鋪上被褥，就能安頓一個家庭。（攝影／游錫璋）

難對醫療用品進行有效消毒，許多往生病人或重症患者用過的器具只能放火燒掉。但食品級ＰＰ塑膠製成的福慧床，只要噴上消毒液仔細清洗，即能符合衛生標準重複使用，緩解了「病毒感染」及「廢棄物汙染」的兩難問題。

在尼泊爾地震災區，傷患塞滿醫院，一床難求。慈濟義診團甚至讓傷患躺在福慧床上接受手術。

誠如《無量義經》經文所述：「是諸眾生安隱樂處，救處護處大依止處。」一個用心設計的賑災物資，不只可以幫助使用者，遠離不必要的肉體痛苦，更能守護人性尊嚴。

當慈濟人把福慧床投入救災、賑災第一線時，勞苦功高的搜救隊、消防員，就能躺在床上，有尊嚴地養精蓄銳，不需因陋就簡地睡在地上。「慈悲是很抽象的，若有具體物品，人們會更明白什麼叫慈悲。」回顧一路走來的設計歷程，蔡昇倫依舊把證嚴法師尊為自己心目中的「首席設計師」。

遵循著佛心與師志，時時體察著受苦眾生與救苦菩薩的需求，福慧床及系列家具的設計理念，蘊藏著深切的慈悲心，卻又不失智慧的便利與人文的美感。

尼伯特風災過後，臺東多處民宅受損，被褥、木製床具受潮不堪使用，慈濟志工送來福慧床，正好應民眾所需。（攝影／莊慧貞）

呷乎飽，穿乎燒——衣食資糧篇

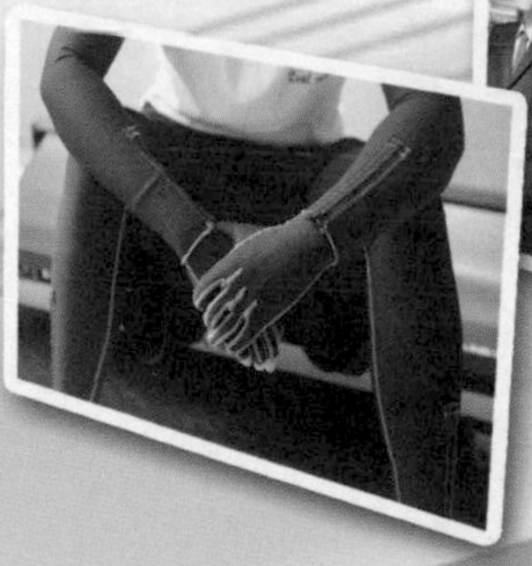

對抗 孿縮

時尚涼感壓力衣

能善用壓力，它將變成助力！

牛頓（Issac Newton）在蘋果樹下午睡，突然被掉落的蘋果砸中因而痛醒。他沒有因為突來的壓力而發怒，甚至瘋狂砍樹，卻將壓力化為助力，思考蘋果為何不是往上飛，而是向下掉？最終發現了「萬有引力」，以及影響之後物理學甚鉅的三大運動定律——慣性定律、運動定律、作用力與反作用力定律。

誤砍櫻桃樹的美國總統華盛頓（George Washington），面對將被父親嚴懲的壓力，不是選擇說謊逃避，而是誠實認錯，結果得到父親的諒解與肯定。此舉增強了他的信心與理念，影響終身。

人生無常，誰都不能預知突然的變故，尤其面對重大壓力，如何衝破難關？就看人人如何將壓力轉為助力，開出不一樣的生命花朵。

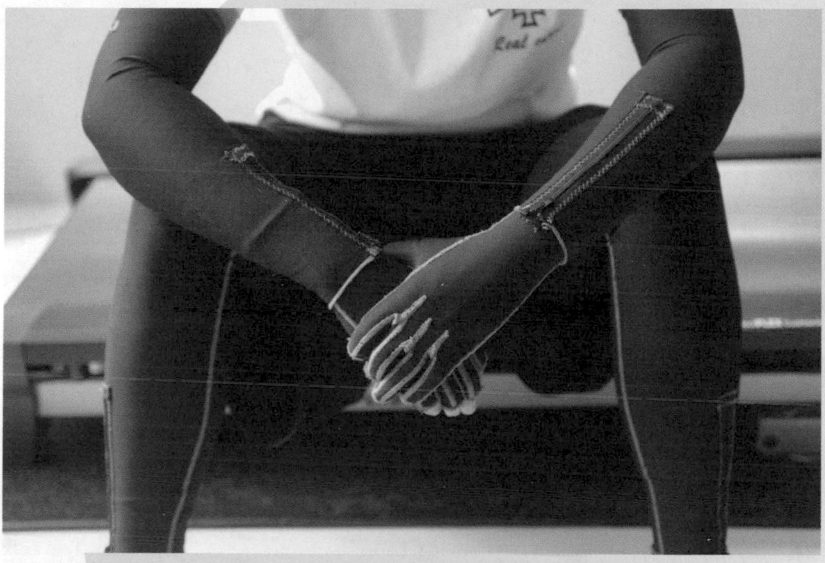

特點 高壓力值；冰涼、透氣、舒爽、時尚

應用 抑制燒燙傷患者傷疤攣縮

愛美的女性，穿著塑身衣，是為了雕塑身材，讓曲線更顯婀娜多姿；但對燒燙傷患者，套上緊身的壓力衣，卻是逼不得已，若不嚴厲執行，身體的疤會攣縮，結成一球球難看的紅腫塊，甚至影響身體機能。

再美的臉龐和體態，也禁不起烈火肆虐。那燒灼和破壞，不僅在外形烙下深長的印痕，心底也是一輩子揮之不去的痛。每當午夜夢迴，審視著傷痕，懷念過去的美好，有幾人能釋懷？

而漫漫復健路，更考驗著每一位傷者的耐性。燒過的皮膚，難以回復平滑，且需借助外力抑制疤痕，使其不恣意亂長；如此一來，就得整日穿著壓力衣，讓肌膚與疤痕緊實密合。

不忍傷友一遇炎熱，新長的嫩皮會發癢，不自主地隔著壓力衣褲搔抓，證嚴法師請大愛感恩科技公司研發，結合陽光基金會、國智經編工業公司等，經多次測試和改良，一塊具足冰涼、透氣又高壓力值的布料終於誕生。

研發的靈魂人物林正雄博士，具生物醫學專長，努力促成三方合作，又得臺灣化學纖維公司開了特製款的冰涼紗線，交由國智經編織製，再經陽光重建中心車縫及實測，終讓這一款領先國際的高性能涼感壓力衣問世，將嘉惠全球更多的傷患。

問題來了：

新生肌膚，癢個不停

二〇一五年六月二十七日晚間，新北市八仙樂園一場彩色派對，正當大家玩到渾然忘我，陶醉於聲光絢爛、五彩繽紛的享樂中，迅雷未及防範的悲劇卻降臨了！

現場噴灑的粉塵，爆燃了！霎時，抽乾的泳池變成人間煉獄，哀鴻遍野的慘叫聲響徹天際，張張痛苦掙扎的表情，發出陣陣求救訊號，讓救難人員疲於奔命，也讓救護車載送不及。

這場臺灣有史以來最慘烈的燒傷事故，幾近五百人受傷。傷者多為十八歲至二十九歲年輕人，各家收治傷患的醫院，無不戰戰兢兢、謹慎以對，醫護人員每天有開不完的刀、換不完的藥，還要處理各種衍生的併發症；而傷者，忍受著一次又一次的清創、植皮手術。

剪去燒焦的死皮、覆蓋上敷料或大體皮的肌膚，相當脆弱，又得面臨日日換藥，一撕開傷口瞬間，那地獄般的疼痛，每每令人禁不住尖聲大叫！

好不容易度過危險期，出了加護病房、住進普通病房，痛和癢仍緊隨糾纏。從起身、到下床慢慢做復健，每一步路都走得艱辛。

手部燒傷者，要重新練習舉箸吃飯或握筆寫字；腿部灼傷者，下肢嚴重充血腫脹，連站立都有困難。若是腳皮也燒壞，新長的皮膚又嫩又薄，一踩地面有如針刺……得面對如小嬰兒般的起步學習，實在有夠艱難。

傷者回歸家庭後，照顧重擔便落在家人身上。洗澡、換藥、穿壓力衣及按摩，是每天必做功課；傷患本身則要勤加復健，拉、按、行、跑、蹲，樣樣磨練著心性和毅力，疼痛在所難免，卻必須一天天去克服。

當中最難忍的，是「癢」的問題。新生的嫩皮吹彈可破，雖穿著一層壓力衣防護，但一癢起來，還是令人忍不住想去抓，卻又不能太用力，不然會破皮流血，增加感染的風險。

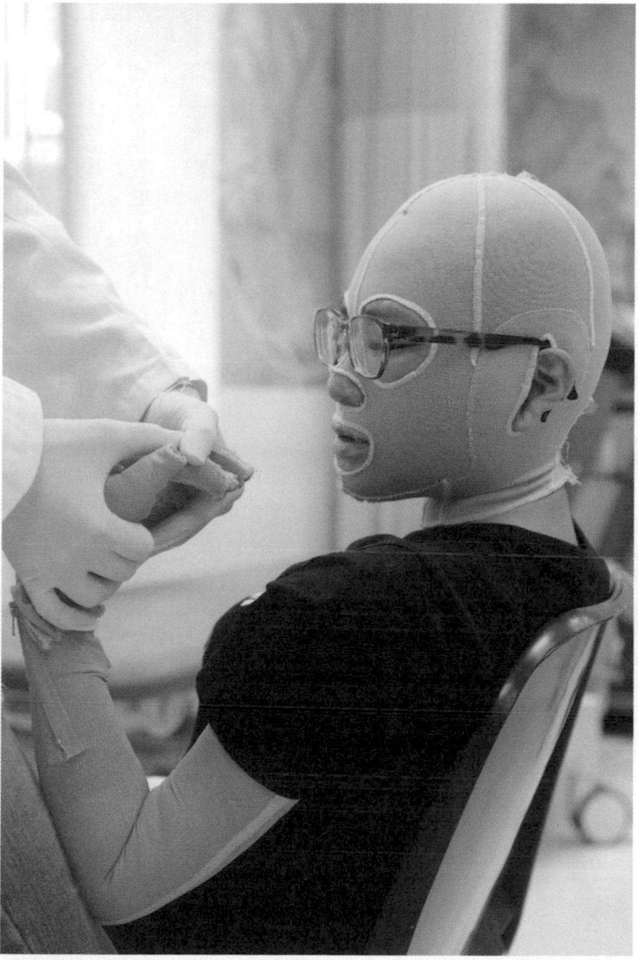

傷友穿著傳統壓力衣做復健，不僅不舒服，新長的嫩皮也易搔癢；加強該緊處的壓力值，關節部位又放鬆便於活動，是研發者最大的考量。

前。

這年九月，證嚴法師行腳全臺，陸續有父母或慈濟志工陪同傷患來到面前。

在雙方對話時，年輕人的腳一直發癢站不住，雙手也不停搔抓或用力拍打，讓法師見了心疼，返回花蓮後，立即召來大愛感恩科技公司同仁，請他們想辦法改善壓力衣的材質，看能否做到冰涼、透氣、舒爽，讓傷友們穿起來不那麼悶熱。

解決之道：

冰涼、透氣、能壓疤的布料

十月，大愛感恩科技公司總經理李鼎銘偕同三、四人來到靜思精舍，林正雄也在其中。一群人本打定主意，要向法師稟報：「這任務我們做不到！」因為壓力衣是專業醫療輔具，多屬尼龍材質；大愛感恩科技的專長，是將

PET材質的寶特瓶回收再製，兩者並不相同。

但當證嚴法師雙眼垂視，殷殷叮囑：「這件事要站在孩子們的角度來看。如果受傷的是你們的家人，你們是否會盡最大努力？」法師的一念悲心，打動了團隊成員，打道回府後促動研發部投入資金和人力研究，全心要開發符合傷患所需，冰涼、透氣又足以壓疤的布料。

主要執行者林正雄，過去任職中央研究院，長年鑽研生物醫學領域，接到這項指令，先是找上陽光基金會，了解什麼才是好的壓力衣材質？

對方給的是十幾年前紡織所做的檢驗報告，他一看，評估標準是：拉力多少，布料會斷裂；這根本不符實際使用情況。

既然，法師考量是壓力衣穿在身上會悶熱，林正雄首要解決的，便是「熱」的問題。自認對紗線還算熟悉的他，很快找到了最細和冰涼的紗線；又得知做壓力衣的布料，不像一般衣服是用原編和針織，而是用「經編」，他奔赴桃園龍潭的國智經編工業公司，親自與董事長吳中庸洽談。

吳董事長感受到證嚴法師的悲憫，答應捐贈一年用量兩千碼布料給傷友們使用。這下子，兩方一拍即合。大愛感恩科技同仁一頭埋入壓力布織法、

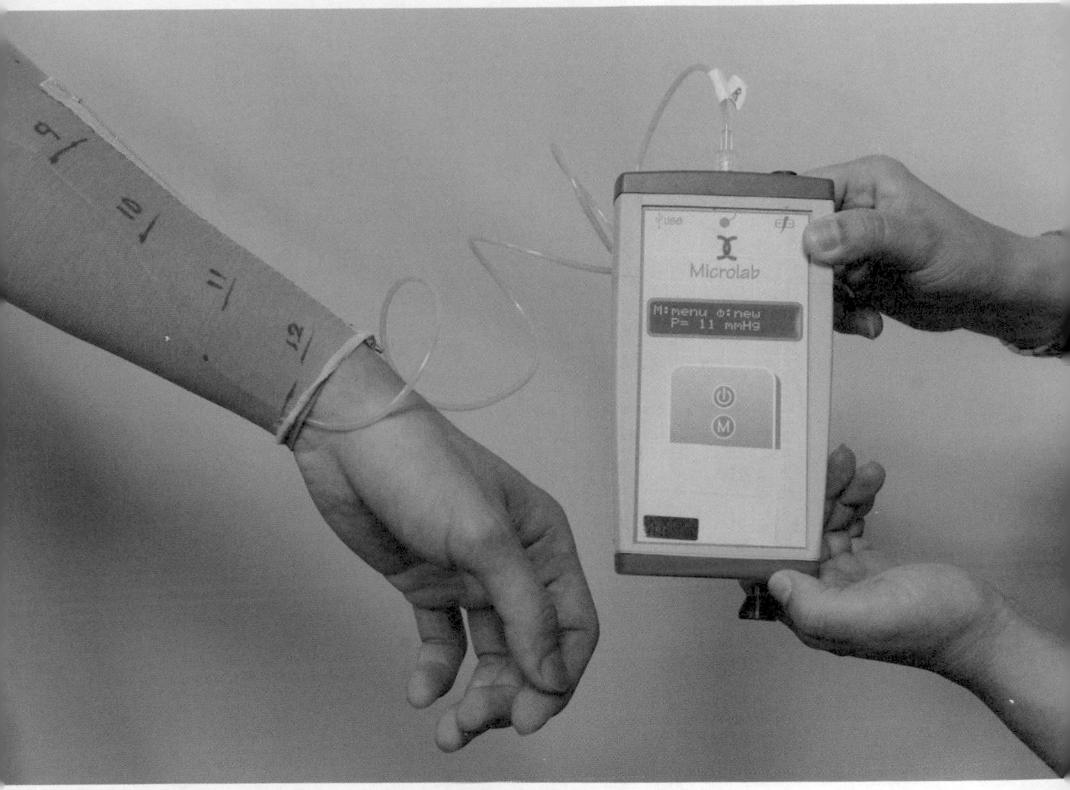

為塵爆傷友所開發的壓力服，具冰涼、透氣、舒爽，壓力值達二十五毫米汞柱，更有壓疤效果。

功能規格的研究，國智經編也馬上進冰涼又細緻的紗線開始織製，織好的布料確實冰涼、透氣度皆佳。

然而天生喜歡追根探究的林正雄，還上網查文獻資料，看到一段關鍵字：「壓力值要達二十五毫米汞柱，抑制傷疤才有效！」

這一大發現，興起他認真做學問的態度。

他諮詢陽光基金會和國內多家製造壓力衣的廠商，均無量測壓力值的技術；於是轉向詢問做壓力襪的廠商。

該公司正好有引進一部五百多萬的儀器；林正雄便把購進的布料、陽光基金會提供的布，以及花蓮慈濟醫院用過認為最好的布都做成水管套，委託他們幫忙測量。結果，全部的布所測出來的壓力值，都只有十二毫米汞柱，沒達到文獻所列標準。

林正雄想著，「要冰涼、透氣、舒適等條件，都做到了；但壓力值卻不夠？而且十二毫米汞柱還是套在水管的硬組織，若套在軟的身體組織，壓力值又更小了！」

不想就此打住的他，不斷搜尋和引進國內、外布料，也從澳洲購得一部壓力測量儀，測試一代接一代所研發的布，鍥而不捨地終於找到了第八代，壓力值、透氣度都適合的布料。

接著，他又抽絲剝繭、研究這塊布的組織及特性，三天兩頭便往國智經編跑。跑到讓廠長何佳謀受感動，從原先的消極配合轉趨積極。

林正雄思考，必須調整紗線及組織。正好國智經編長期與臺灣化學纖維公司有合作；他的用心獲得臺化公司認可，願意協助開發一特製款的冰涼紗線，再交由國智經編織製成布，便是後來進行人體實驗的「第九代壓力衣布料」。

加強設計：

壓力值達標，時尚感十足

第九代布料除了符合冰涼、透氣、舒適的條件，最重要的是壓力值達到二十五毫米汞柱的要求。林正雄解釋原理，「因血液自心臟打出後，從動脈流至末稍微血管，壓力約僅剩二十五毫米汞柱，只要能束縛住，阻斷營養供給纖維母細胞，就不會增生變成疤痕。」

反之，若壓力不足，微血管得到一定的動力，將養分輸送至傷疤細胞，使其快速分化，外表就會紅腫增生，「故穿上高壓力值的壓力衣，實為了抑制傷疤，使之得不到營養而萎縮，萎縮之後即能平整。」

林正雄從第一代研究到第九代，整整花去七個多月時間。過程中，他不斷以自己手臂做量測，精準算出布料拉開百分之三十的支撐力量，即所謂的「拉力」要達到三．八磅，才有二十五毫米汞柱的壓力值。

加上自身實穿所得，讓林正雄歸論出布的經緯向需有明顯差異性，最終設定為經向四磅拉力，才有足夠力量壓疤；而緯向設為零點六磅拉力，壓力少了點，讓傷友穿在身上比較方便活動。

在打版製作上，林正雄也發展出一套理論。他分析陽光基金會先前做法，壓力衣的手臂套，從手腕到手臂都是同樣的「打版縮率」，即假設測量手臂一圈的圍度為一百公分，除以一點一二就變成八十九公分，以此打版做成壓力衣，穿上身又擴張成一百公分。但手腕與手臂的圍度卻粗細不同，按此同等壓縮指數套上去，手腕容易因束得太緊造成充血，而手臂又會因壓力值不夠，影響傷疤復原。物理治療師通常在傷友穿上壓力衣後，再依經驗用手感抓鬆緊度進行修改。

因此，他將手臂套的版型做了改良，讓手腕寬鬆一點，關節好活動；往上則以四公分做等距，每四公分量出一圍度，應用一套叫「Laplace」的計算公式，讓從手腕到手肘這一段，皆達到最高二十五毫米汞柱壓力，臨近手肘活動區再次放鬆，手肘再上去後，又達二十五毫米汞柱，就可在真正需要的部位，獲得合適的壓力。

此外，為減少傷友穿上身的摩擦係數，林正雄跟國智經編在組織上做了特殊設計，讓親膚面的緯向約僅傳統布料的六分之一摩擦值，與皮膚接觸時有如行經一條順行軌道，讓傷友新生的皮膚不因運動磨蹭而破皮受傷。

在大量人體實驗前，大愛感恩科技透過陽光基金會找到五位傷友試穿。其中一位是游泳選手；他左手穿新品、右手穿陽光舊有傳統布料，每天勤奮做復健，結果右手的舊款因運動頻繁而鬆弛，幾乎每週都修改增緊壓力值，

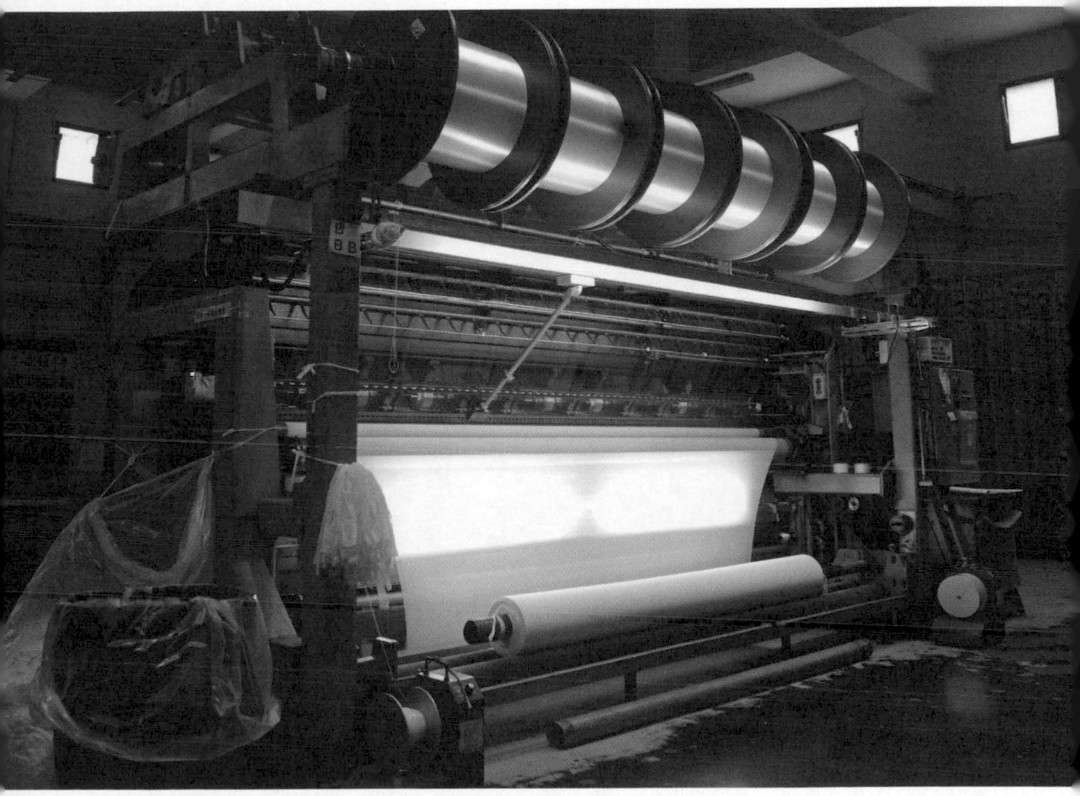

國智經編工業公司特地保留舊機臺，織製高張力的壓力衣布料，即使賠錢也甘之如飴。

到最後布料已無伸縮性，只好穿上兩層；反觀新款壓力衣，該緊處就緊、該鬆處就放鬆，無論活動度或壓力值都有好評。

但有一點令林正雄感到意外。有傷友反應，膚色的壓力衣太醜了！「我沒想到，年輕人最在乎顏色，他們覺得就算穿壓力衣，也要有點時尚感。」

於是，他再與國智經編開發出淺黑色壓力布。對此國智經編很用心，特地篩選無毒，不含偶氮色料、游離甲醇等傷及皮膚的染料，並請SGS（瑞商遠東公證股份有限公司，Société Générale de Surveillance）臺灣分公司進行皮膚敏感測試，都達標準；而在加工染色過程，幾度發生變數，國智都不惜成本一再嘗試。

「一些溫度、速度都可能影響染製變化，若時間抓得不準，就會前功盡棄。」何佳謀廠長不諱言，等待是最難熬的，也擔心方向錯誤、掌控不好，要打掉再重做；幸好多次失敗，吸取經驗後，成果總算顯現出來。

傷友試穿，志工實測記錄

二〇一六年六月二日，大愛感恩科技、陽光基金會、國智經編等三方合作，第九代布料正式進入實測，在陽光臺北市南京東路、民生東路及新北市新莊等三處重建中心，車製成壓力衣褲，讓二十九位傷友試穿。

採抽籤方式分配，有人上、下肢皆穿著新款壓力衣；有的是上肢新款、下肢仍穿舊材質；有的則下肢穿新款、上肢穿舊款，形成對照組與實驗組。

同時，大愛感恩科技添購一部光度色彩量測儀，由受過教育訓練的七十多位慈濟志工，幫傷友們量測傷疤紅度及記錄壓力值。

這些志工多數是自八仙塵爆發生後就投入各家醫院慰訪，對燒傷有基本概念，也知如何與傷患相處；初始每週量兩次，一個月後改成每週量一次，持續追蹤達六個月。

大愛感恩科技也派出兩位研發部組員王妍文和黃毓瑾，協助、指導志工

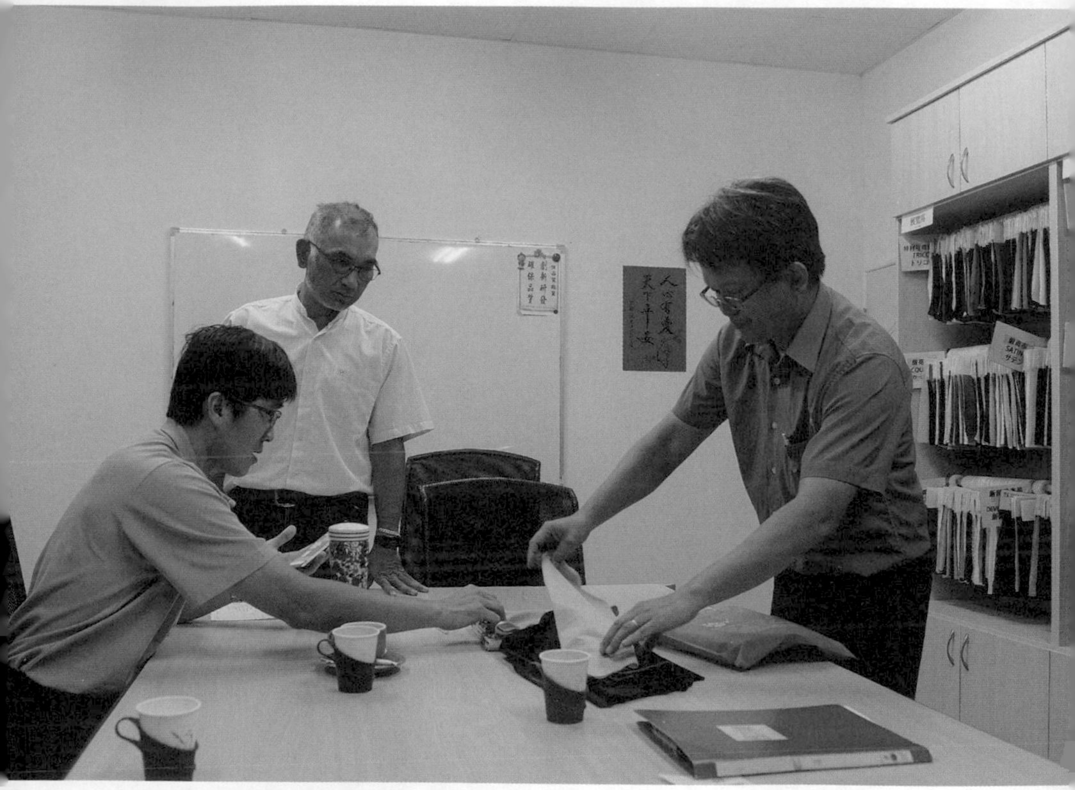

林正雄博士（左一）努力改良，交由國智經編染整及織製，成功研發第十代壓力布料，除了膚色外，也特製淺黑色系，符合年輕人所需的時尚感。

們做測量。

就王妍文觀察，志工對這項任務誠惶誠恐，很想幫忙，卻又怕弄傷了傷友；因此，請來陽光北市重建中心宋有礪副主任授課，增加大家對傷疤的認識，包括可能變成紅、凸、硬，又容易破皮、長水泡，若放任不管，疤痕會攣縮，甚而影響關節活動度。

再者，志工們聚集慈濟雙和聯絡處，拿壓力衣樣品相互試穿及練習手感，被穿者反應怎樣穿最舒服，幫穿者也就此修正角度與手勢。「我們都知師兄、師姊們很雞婆，一定會比實測還做得更多，所以預做這樣的準備。」王妍文說。

果然，上陣後，志工不但幫量傷疤紅度及壓力衣穿後的布寬和壓力值，每次等待修改的空檔，也幫傷友們按摩，以及做穿脫動作。

「看到孩子們傷得這麼嚴重，很不忍，能做多少就盡量。」每週都從中和搭車到新莊重建中心服務的林春金，體諒家長每天要幫孩子清潔、換藥及按摩，經年累月照顧很辛苦，每次都盡可能地幫孩子們按壓傷疤。

一個疤，指壓兩、三分鐘，努力把硬塊揉開；一、兩小時過去，常按到孩子睡著了；也有人被按時，會大喊：「好舒服！」

還有交情日深者，開玩笑說：「師姑，你盡量按沒關係，按到手骨折了，醫藥費都算我的。」這樣頑皮的對話，表達的是傷者的迫切需求。背後代價是志工的手也按傷了，得買痠痛藥膏來貼。

不過，林春金卻說，有孩子本是踮著腳尖走進來，膝窩的疤很緊，無法踩地，等到她和另一位志工幫忙按摩兩小時後，孩子可以正常走出去，「那種成就感真是難以言喻，儘管兩人的手都很痠了！」

方素真也談到，她幫一位燒到隱密處的女傷患穿壓力褲時，內褲得先脫下，若非彼此有深厚情誼，對方怎肯如此袒裎相見。

她不否認，初次赤裸面對，女孩尷尬，她也難為情；但隨即轉念，女孩燒成這樣令人心疼，慈母心立即湧現，做任何動作就很自然。

壓力衣穿脫之間，志工再怎麼小心，有時難免失了準。易伶莉即稱，有次幫一位女傷友穿壓力褲，因為布太緊，她手一滑就撞到對方的下巴，後來抓到技巧，再次穿時，請女孩先將頭偏向一側，自己的手放柔，慢慢才拉上來；李瑾萍則是一回到家就找自己孩子練習，就為了熟能生巧，求好心切。

受過教育訓練的志工們測量壓力衣的布寬和壓力值，協助記錄人體試穿結果。

經半年密切相處，這群志工都成了傷友們的另種依靠。當發給傷者問卷調查，每個人都打了「滿分」的高評價。

更重要的是，藉由志工的量測，幫助大愛感恩科技擁有了很好的紀錄，證明穿著高壓力值的壓力衣，確有大幅改善成效，每月的傷疤紅度逐漸遞減中。

「經過六個月的測試，高壓力值的壓疤紅度，大約降至百分之六十。」林正雄根據志工們所測得的數據，做下這樣的評斷。

具紡織界LV等級

志工在與傷友們互動，會把穿著的感想反映給大愛感恩科技，以做改進的參考。比如，有傷友反應穿第九代壓力衣做運動，會往下滑或「積布」產生，而在多次修改車縫後，紗線容易斷裂或破孔；也有傷友反應壓力頭套戴久了，會有毛囊炎。

蒐集這些意見後，林正雄與國智經編又從打版、製程及傷友活動度，做了一番檢討及改進。

林正雄表示，當初為了創造舒適、透氣、高壓力值又具彈性的布料，使用五十丹尼的尼龍紗來包覆五百六十丹尼的彈性紗，等於是用一個細繩來綑住很粗的繩子，如何綑得扎實又不造成車製時斷掉或溜走，形成裂紗，考驗著車縫功力。

何佳謀也稱，開發過程，尼龍紗從四十丹尼試到七十丹尼，細到粗都有，最後是取中間值的五十丹尼為佳；而原料面，FDY（Fully drawn yarn，全延伸絲）材質雖較平滑，卻沒 DTY（延伸假撚紗，Drawn Texture Yarn）柔軟度好，故選用後者；另用到五百六十丹尼的萊卡彈性紗，已是紡織界ＬＶ等級，這樣的一塊布料更需用心被對待。

經與陽光治療師調整過版型，又換掉尖針，改讓車縫師用圓針做車製，且在拷克車跑動時，注意閃過一些組織，把斷紗和破洞的問題解決了；至於褲頭，則加了止滑帶，滑脫和積布現象已不復見。

為加強吸濕排汗效果，林正雄與國智經編開發第十代布料時，特別請臺化設計十字溝槽型的紗線，如此汗水就可沿著四個槽吸上來，以使身體保持乾爽。林正雄強調：「一般運動員所穿是用五十丹尼、十二條紗線做成；而第十代壓力衣，則有五十丹尼、四十八條紗線，相對會比較細，吸溼排汗效果也更好了。」

至於，冰涼感如何來？林正雄解釋，瞬間的涼，是因臺化在製造紗線時有放奈米化的玉石粉體，穿上身有如睡在大理石那般沁涼。但這一下子就飽和了，長效的涼感，是靠紗線的水分含量，因水分子的比熱較大，升溫較慢，等把熱傳給水，又有騰出來的玉石粉繼續吸收人體的熱能，並快速將它導引出來，又再傳給水，水的熱含大，蓄積就可比較多和久。

林正雄幽默地說：「這算是江湖的一點訣，聽得懂的人在產業上就很好運用。」

經試穿第十代壓力衣後，很多傷友反應都不錯。如先前有毛囊炎的傷患，因新款壓力衣強化吸溼排汗效果，毛囊炎情形沒再發生；而穿過第九代半年，如今改穿第十代的林佑軒也說：「這一新款壓力衣，除了保有之前的透氣、涼感、高壓等優點，也改進了一些太緊、難穿及容易破的缺點，穿起來很舒服；遇有微風吹來，還有一絲絲涼爽哪！」

傷者的反饋是研發者最大的動力。林正雄與大愛感恩科技團隊、國智經編、陽光基金會，乃至臺灣化纖等合作夥伴，長達二十一個月的研究、討論、試驗與印證，最後落實在傷友們身上，果然得到了好效果。

二〇一七年六月二十三日，在紡織產業綜合研究所舉辦的「新型高性能涼感壓力服」發表會上，所長李貴琪盛讚第十代壓力衣，因有三方的同心協力，才能開發出好布料、設計標準規格，以及科學打版和人體實驗圓滿達成。

林正雄常到國智經編互動與討論，與廠長何佳謀（左一）及業務部課長簡進成變成了好夥伴。

隨後，國智經編、紡織所及大愛感恩科技共同捐贈兩千碼的新型布料給陽光基金會，讓他們製成一千件壓力衣褲，給五百位傷友每人兩套輪替使用。陽光基金會馬海霞董事長很感謝三方捐贈，且承諾會在服務上精益求精，讓傷友們獲得更舒適的復健。

舒靜嫻執行長則提起，自塵爆發生以來，看到醫護人員辛苦搶救、志工們長期陪伴與關懷，很是感動。「八仙塵爆雖是不幸的悲劇，但看到大家團結力量的結合，真是人間最美的風景啊！」

壓力衣的研發，讓大愛感恩科技於二〇一七年五月申請到「新型壓力服」和「高彈性透氣經編網布」兩項專利，代表技術獲得肯定與超前。

研發者林正雄說，專利雖屬大愛感恩科技所有，但目的不為保護，而在推廣。他歡迎全世界都可引用在燒燙傷的復健治療上，造福更多的傷患。

林正雄甚至明白指出，對於全球而言，壓力衣算小眾市場，業界向來沒積極開發適合的布料，基因於沒有多大利潤；這次能研發成功，全賴大家想為傷友付出無所求的心念。

他列舉，國智經編不惜停下一條生產線，專門配合做測試，還把原本要賣的舊型機臺留下；如此賠本生意，就為了織製高張力布料。

而臺化開發特別款紗線，若按一般工廠，一接單就幾十噸、上百噸，大愛感恩需求的少少五百公斤客製紗線，根本不符成本。

「還有陽光基金會不斷配合協助提供傷友做實測及回饋意見，讓整體朝向好的發展。」林正雄有感，相關布料的壓力值檢測、如何縫製及版型設計，都在團隊努力下，建立起一套標準化和科學化的模式，是最感驕傲之處；未來，他期許第十代壓力衣，真能發揮良好壓疤成效，讓傷友穿著時間可以再縮短，早日回歸社會，過正常的生活。

傷友林佑軒感覺第十代壓力衣具備涼感和舒適，穿起它做運動和復健，能緊貼又不會有壓迫感。

超人變裝

塑膠回收再製織品

銀幕上的超級英雄，如超人、蜘蛛人、蝙蝠俠，多是大隱於市，和尋常人一樣上學、上班、經營事業，一旦發生急難事故，就立刻換上特種服裝，迅速展開救人行動，完成旁人眼中不可能的任務，然後又換回日常裝束遁入人群。

具有超能力的英雄，是人們公理、正義、安全需求的投射，也並非完全虛構，因為現實生活中真的有很多「超人」！

這些人和你我一樣，都是血肉之軀，無法刀槍不入，不能飛天遁地，可能還體弱多病。他們不忍眾生苦，自願加入救苦救難的行列，因此能超越自我，做到別人做不到或不願意做的事。

平日訪視濟貧，有災難時就趕抵現場伸出援手，許多徬徨的受災者，看到這些穿著制服、形象鮮明的義勇團隊，知道自己不孤單，心就安了一大半。

特點　環保回收材料製成的毛毯、帽、衣、褲，遠紅外線發熱襪和防穿刺鞋，具備保暖、防潑水安全防護機能。

應用　尼泊爾震災、菲律賓海燕風災、巴基斯坦水災、加拿大森林大火。

（攝影／游錫璋）

問題來了：

行走受創大地，最怕異物傷腳

「好了，你回家休息吧，記住，傷口不要碰到水！」包好繃帶後，義診醫師對腳底受傷的志工殷殷叮囑。傷者臉上露出不甘願但又無奈的表情，在同伴攙扶下一跛一跛地離開醫療站。

原本這一趟來，是要幫助水患受災民眾清理家園，怎料工作才開始沒多久，就踩到隱身泥濘的尖銳物，不僅鞋底被刺穿，腳底也被刺傷流了許多血。要幫助人的人成了被幫助的對象，扼腕心情不言可喻，更麻煩的是，回家之後還得過好幾天行動不便的日子。

在賑災、義診過程中，常見足部創傷問題。首先是受災當下，許多民眾忙著逃命，連鞋子都來不及穿就往外跑，或是跑著跑著鞋子掉了，等到驚魂甫定才發現腳丫子傷痕累累。而救助者的足底外傷，多半是因為穿的鞋不夠堅韌，一旦踩到釘子、鐵片、碎玻璃等尖銳物，就被刺穿，導致腳部受傷。

人一旦腳底受傷，行動能力就減損一半。更可怕的是，泥水、砂土中含有大量的細菌，這些髒東西隨著尖銳物刺進腳底，很容易引發感染，甚至衍生敗血症危及生命！

不忍弟子們在賑災救人時受傷，證嚴法師特別叮囑實業家志工，要做一雙不會被刺穿，且能與慈濟「藍天白雲」制服搭配的白鞋。

這個任務，就交由大愛感恩科技公司負責，這間由五位實業家志工集資成立的「社會企業」，本身沒有工廠，卻結合了紡織、製鞋等產業資源，造出可防穿刺的「神奇白鞋」！

「我們在地面擺一塊板子，上面釘了釘子，真的穿上鞋子去踩，也請學員們體驗看看！」研發部高級專員林正雄，在慈濟舉辦的「救將」防救災科學營中，展示了防穿刺鞋的安全性。

因為採用類似防彈衣的材質作底，這雙鞋可讓體重一百一十二公斤的大個兒穿著，單腳踩踏釘子而不穿透。

工作人員帶著防穿刺鞋，重訪在蘇迪勒颱風時遭重創的烏來童軍營區，讓營隊學員穿上去踩釘子「試膽」，結果一如預期，有驚無險。

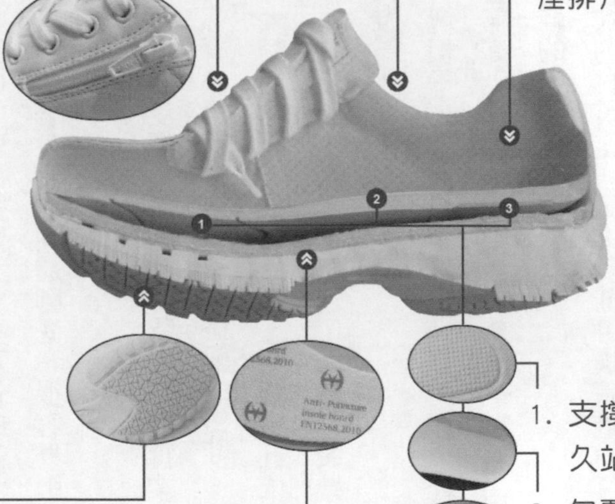
內側拉鍊設計
穿脫更迅速和便利。
表布神奇白布
防潑水、容易
清潔及保養。
內裏網眼布
柔軟透氣，疏
溼排汗。
1. 支撐紋路設計，
久站不易累。
2. 包覆鞋墊，符合
腳型更舒適。
3. 加強後跟緩震，
保護腳跟。
防穿刺中底布
達到歐盟標準
EN12568，通
過約 112kg 金
屬異物不穿透
測試。
輕量化 EVA 鞋墊
活動加厚鞋墊，
能分散壓力，降
低疲勞作用。

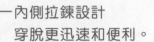

防穿刺防潑水神奇白布鞋

資料提供／大愛感恩科技公司

超輕 EVA 發泡
＋
橡膠 RUBBER 大底
能吸收衝擊力且耐磨，獨特「排水溝」底紋設計，增加止滑效果。

「神奇白鞋」在二〇一四年問世，第二年就隨救助尼泊爾震災的慈濟團隊，踏上佛陀的故鄉。

由寶特瓶回收再製布料做成的白色鞋面，具有防潑水機能，加上厚實舒適的防穿刺鞋底，讓志工們可以放心地在瓦礫遍地的尼泊爾災區行走，不必擔心鞋底危機。

不過，二〇一五年八月援助臺灣本土的蘇迪勒風災時，許多慈濟人因應滿地泥濘，改穿雨鞋進出災區，結果有人踩到尖銳物受傷。研究團隊於是遵照證嚴法師慈示，加碼製作出可以放在雨鞋內的「防穿刺鞋墊」。

全面防護：

寶特瓶做的「超人裝」

防穿刺的神奇白鞋到位，慈濟志工專用的「超人裝」也完成配套，從頭到腳看下來，第一件是內附ＬＥＤ照明燈及電池的太陽能帽。帽舌上端配有太陽能板，白天能吸收陽光轉成電能儲存於電池中，晚上即供給ＬＥＤ燈使用。

附燈光的帽子，在欠缺電力照明的地方尤其重要，菲律賓志工初抵海燕颱風災區時，當地晚上幾無燈光，就靠著太陽能帽前端的ＬＥＤ燈提供夜間照明。尼泊爾賑災時，慈濟人醫會義診團甚至用太陽能帽上頭的燈光輔助照明，克難地為當地民眾動手術。

藍色防寒外套、白色鋪棉褲，是慈濟志工的「賑災超人裝」，具保暖、防護機能。（資料提供／大愛感恩科技公司）

其次是可抵禦零下二十度低溫的藍色防寒夾克及鋪棉白褲。經過特殊設計的防寒衣褲，具備防潑水機能可阻擋雨雪，又能讓身體產生的水蒸氣散發出去，避免留在體表形成汗珠導致體溫流失。

具有機能的帽、衣、褲，加上遠紅外線發熱襪和防穿刺鞋，能滿足大部分地區的賑災需求，即使到中國大陸東北、甘肅那樣寒冷的地方，都能有效保暖。「我們正在研發使用行動電源的『發熱片』，將來研發出來，可以放在任何部位，如頭、頸、腰。」林正雄預告道。

就外觀而言，慈濟「超人裝」其實一點都不「炫」，色調更是簡單質樸。但它們的特出之處，在於每一件都使用了由慈濟環保志工回收寶特瓶再製而成的原料，因此大愛感恩科技總經理李鼎銘相信，這些產品的品牌價值、故事性，是別人難以企及，更無法「山寨」的。

「我們的原料端是帶有感情的，這感情來自慈濟環保菩薩，他們所做的事、講的話，是能夠讓人有所感動的！」李鼎銘尊稱的「環保菩薩」，就是分布在全臺灣近九千個環保站，遵循證嚴法師慈示「用鼓掌的雙手做環保」，為守護大地而力行資源回收的八萬七千名善士。

根據慈濟本會統計，全臺慈濟環保站於二〇一六年，共回收三千八百多噸寶特瓶，約占全臺寶特瓶回收總量的百分之五。大愛感恩科技公司往年都取用其中一部分，約一千六百噸的量。

李鼎銘表示，許多人以為他們是免費、無償從慈濟人手中，取得寶特瓶原料。「其實我們是用每公斤最高的市價，再加一塊錢買進來的，綠色的和雜色的寶特瓶價格比較低，但我們還是用透明瓶的價格去收。」

特別是公司成立那年，正好遇到金融海嘯，全球景氣低迷、經濟衰退，很多回收業者因無利可圖停止回收寶特瓶，但大愛感恩科技公司依舊以高於行情的價格，盡可能地收購慈濟環保站收集的寶特瓶，讓志工可以繼續將「垃圾變黃金」。

整合原料端、製造端、成品端、使用端之後，這些回收物再製後的附加價值，已經遠遠超過知名品牌的服飾成品。

曾有歐洲媒體來訪，一開始很正式地請教公司規模、獲利等基本問題，但椅子還沒坐熱，一行人就移師慈濟環保站。「這些產品，讓環保站的菩薩感覺到，他的人生意義很大！假如我們的衣服不是結合慈濟環保菩薩單純愛護地球的心念，這件衣服什麼都不是！」李鼎銘說。

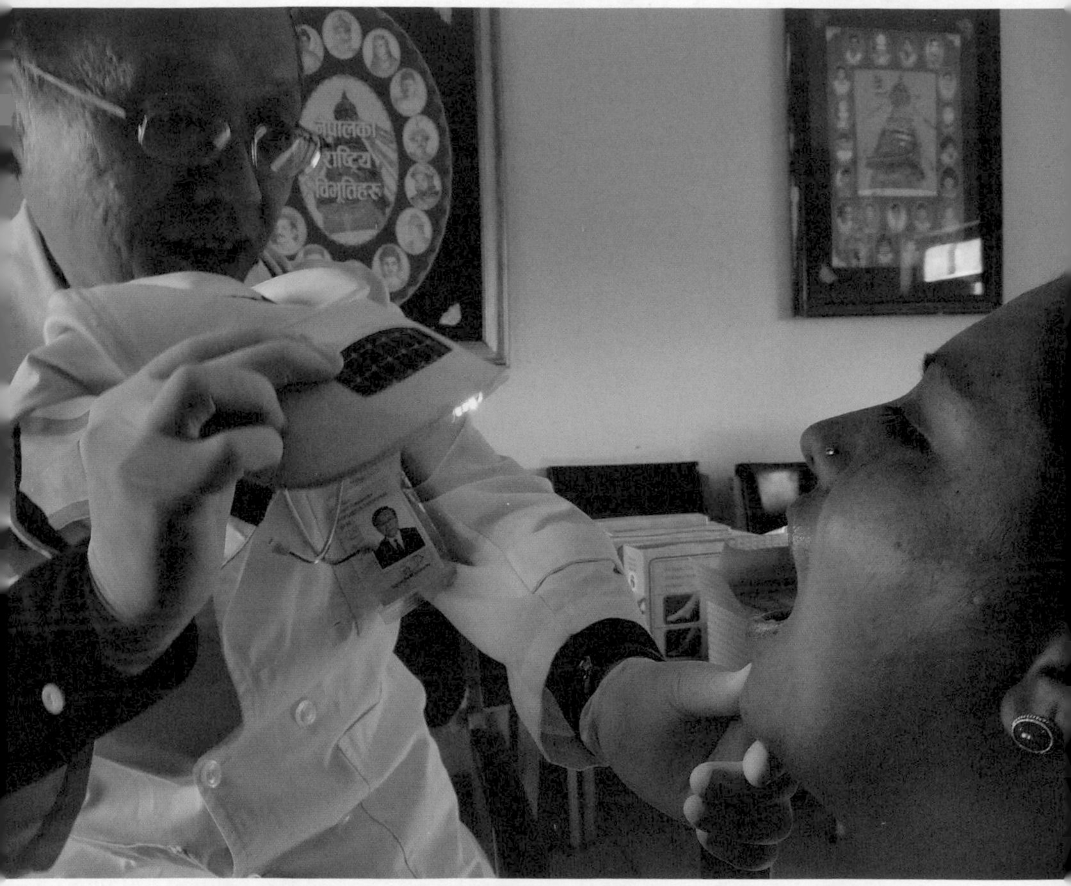

尼泊爾強震過後，災區電力系統損毀，臺中慈濟醫院簡守信院長以太陽能帽上的LED燈作為照明，克難診治傷病。（攝影／羅瑞鑫）

為了支援賑災，同時賺取盈餘護持慈濟，大愛感恩科技推出了多款用品，從志工的賑災服裝，上班族的西裝、套裝，日常「修賢」服，呵護孩子的童裝、嬰兒服，到旅行箱等，幾乎要什麼有什麼。

不過歷史最悠久，最為人所稱道的「招牌產品」，還是樣式最簡單，最少裁切加工的「環保毛毯」。

社會責任：

產業結合志業，全球送暖

這件印著蓮花標誌，色調或灰或藍的織品，幾乎每個慈濟志工都知道它是怎麼造出來的。更特別的是，當初提出用寶特瓶織造賑災毛毯的人，不是紡織專業人士，而是證嚴法師本人。

「二〇〇三年，我去印尼的紅溪河、大愛村參訪，看了很感動，他們用一年的時間建了大愛村。回來後，想到印尼實業家做了這麼多的事，身居臺灣的我們能做些什麼？」

慈濟志工黃華德早在九〇年代初期就投身大陸賑災，卻被印尼慈濟人回饋當地的成就深深震撼——他們與政府合作，疏濬了原本骯髒惡臭的紅溪河；為了安置生活在河上的違建戶，在政府提供的五公頃土地上，興建了千戶公寓社區，內有學校、醫院，還有伊斯蘭教徒的祈禱室。

受到感動的臺灣實業家們，也興起了善盡社會責任的心念，返臺後就集合眾人專業，成立慈濟國際人道援助會。發起人之一的黃華德，來到花蓮拜見師父，證嚴法師問從事紡織成衣業的他：「寶特瓶是石油做的，紡織品也是石油做的，你去研究一下，能不能用寶特瓶做些什麼？」

「師父不是專業，卻有想法。」黃華德表示，回收寶特瓶再製成紡織原料的技術，當時已經問世超過十年，但國內紡織界並不看好，因為理論面、技術面與實務面之間的落差太大了。

「地球資源是有限的，能再生利用最好。」投入研發紡織業者羅忠祐說。理論上，寶特瓶為ＰＥＴ塑膠製成，回收後經過切片、熱融、造粒等程序，就成為ＰＥＴ塑膠酯粒。

品質如同從石油提煉出來的原生原料，可提供紡織業者抽成細絲，再進一步紡成紗、織成布。

一九九七年間，紡織業者發現寶特瓶再生利用的價值，羅忠祐是其中一位。他懷抱熱誠，號召志同道合的朋友投入寶特瓶織品研發工作；卻因寶特瓶回收過程沒有人力能徹底分類、清洗，研發工作一度中斷。

二〇〇〇年初，羅忠祐前往美國參加紡織展，結識身為慈濟志工的同業黃華德；在黃華德接引下，於二〇〇四年加入慈濟人援會，使再生織品開發工作有了新的契機。

ＰＥＴ再生酯粒抽成的化學纖維絲，直徑僅有頭髮的二十分之一，只要含有直徑一微米以上，也就是萬分之一公分大小的異物，就很容易斷裂。一般資源回收商提供的寶特瓶，混雜了許多雜質，一旦加入機器裏，不是堵塞細微的射出孔，就是導致抽出來的絲頻頻「斷線」。

原料不純淨，很難做成「長纖」，用於織造衣服，頂多成為粗糙的「短纖」原料，製造絨毛娃娃填充物等低價值產品。

實業家志工們一開始先用慈濟環保站回收的寶特瓶試做，結果抽出來的紗線良率只有百分之三十。黃華德趕緊召集紡織界的慈濟人尋找問題，最後終於揪出藏在細節裏的魔鬼：「為什麼做不好？原來是原料不乾淨！所以後來才請『環保菩薩』去掉瓶蓋、瓶環以純淨原料。」

志工回收後，透過再生製作，還予它更有價值的物命，讓資源生生不息；羅忠祐深覺意義大不同。「寶特瓶變成環保毛毯後，可如衣服般水洗、重複使用；將來亦可再回收重製，這叫『石油難生，塑膠不死』。志工做環保，可轉化為慈善用途，真正是『垃圾變黃金，黃金變愛心』！」

為了護持「垃圾變黃金，黃金變愛心」，黃華德不僅在自己公司內部成立「環保組」，專責環保織品的研發改良，還在二〇〇六年臺北紡織展時，不惜成本為慈濟租攤位，把證嚴法師倡導「與地球共生息」的告示牌，做得比自家商標還大。

「人家在展覽他們的產品，我就展覽師父的理念，還請國際友人吃素食，請志工用英文說明愛地球、環保回收、素食護生的觀念。」

克服種種瓶頸後，環保毛毯終於在二〇〇六年底投產，兩年內就製造超

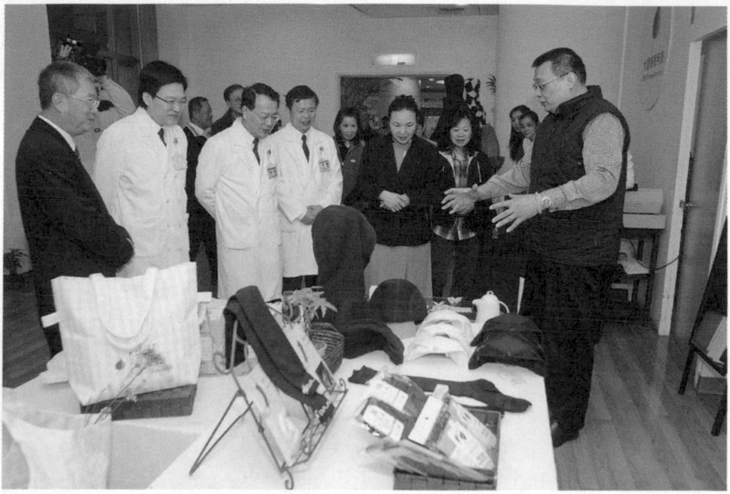

大愛感恩科技公司董事長黃華德（左）及總經理李鼎銘（右），為臺北慈濟醫院趙有誠院長（左二）等人解說綠色消費概念。（攝影／簡元吉）

過十五萬條，除用於臺灣本土冬令發放，也投入國際賑災，足跡遍及巴基斯坦、菲律賓、斯里蘭卡等國，可謂「全球送暖」。

愛心接力：

綠色消費，利益眾生

「但我覺得這樣不夠，才想要成立一個公司。『大愛感恩』是上人幫我們命名的，大愛眾生、感恩大地，這也是環保的觀念。」

二〇〇八年，紡織業出身的黃華

德，邀集了四位分屬食品、海運、建築、資通領域的實業家，共同出資成立了大愛感恩科技公司。

儘管按照法令規定，這家公司是以營利事業型態經營，也製造產品上市販賣，實際上卻是一家以「環保人文、愛心接力、完全回饋」為核心價值的社會企業。

五位創辦人分毫不取，甚至把所有股份捐給慈濟，一切稅後盈餘全數用於公益。就連後來擔任總經理一職，按規定必須「領薪水」的創辦人李鼎銘，也將大愛感恩公司發給的薪資收入全數捐給慈濟，就算因此多繳一些所得稅也無怨無尤。

「大愛感恩科技是一家社會企業。藉著有形的產品，把原料端、製造端跟成品端所發揮的善力量推廣出去，最後達到淨化人心、祥和社會。所做的事和慈濟是完全一樣的。」

除了在環保站裏整理寶特瓶的人，負責PET再製加工的化工廠商，從事抽絲、紡紗、織布、成衣的紡織界業者，乃至最終端的使用者、消費者，都是「愛心接力」的一環。

因此，李鼎銘在接引廠商的時候，都會告訴對方，做善事、做志工不一定要請假，投入自己的專業，加入「綠色供應鏈」，一樣能做出貢獻。也正因為廣結善緣，大愛感恩科技公司雖然沒有自己的廠房，卻有多家上下游廠商鼎力相助，為它承擔起生產製造工作。

相較於一般服飾品牌，以「快時尚」誘引購買欲，吸引消費者打開荷包的策略，大愛感恩則是強調「生活必需品選用環保製品」的觀念，希望消費者在汰換舊衣、舊物時，不要過度購買，而是以環保再製產品取代不堪再使用的舊品。

董事長黃華德直率地說：「我們最重要的不是促銷產品，更不是鼓勵多消費，而是珍惜地球資源，運用再生技術賦予物品新生命，為環境略盡綿薄之力。」

為了保護環境，大愛感恩科技公司不僅使用回收寶特瓶製成的ＰＥＴ化纖材料，更力行「不後染」原則。

好比灰色毛毯，就是使用白紗與黑紗交織而成，白紗由透明寶特瓶再製；黑紗一樣以透明瓶為原料，只是在紡紗過程中加入碳黑，因此呈現黑色。相較於布匹織好後再浸染料的「後染」工法，這種近乎「乾式」的染整技術，不僅省水更能降低汙染。

二〇一一年，大愛感恩科技取得了全球紡織業第一張「水足跡」認證。根據認證單位德國萊因TÜV集團公司的精算，製造一件T恤的耗水量為兩千七百公升，但一條大愛感恩製作的灰色環保毛毯，雖然體積、重量比T恤大得多，卻只要六百四十三公升的用水。

「來申請認證的多半是電子業者，大愛感恩可說是紡織業界的先驅者。」萊因TÜV集團臺灣分公司總經理何士登（Uwe Halstenbach）讚歎道。

精益求精：

「零廢」回收系統

回顧近十年的歷程，李鼎銘坦言一路走來並不容易。以最現實的產量來說，一般紡織業者接單都是萬件起跳，但大愛感恩的批次產量只有數百，頂多上千。不僅產量比別人少許多，沒有「規模經濟」，就連服裝設計概念也迥異於外界。

因為堅持不後染、少用染料，大愛感恩的用色不外乎黑、灰、藍、綠、白、棕六色。而且為了確保原料確實出自「環保菩薩」之手，李鼎銘甚至明白告訴設計師，只能拿回收寶特瓶做的布料「一布多用」，不只要做出中國風、「修賢」服、西裝等服飾，就連背包、手提袋、鞋子也要用同樣的布製作。

就紡織、服飾的專業來看，「大愛感恩」不僅名稱很不商業，產量沒有經濟規模，設計理念異於主流，根本與獲利的方向背道而馳。但這家特立獨行的小公司不但「活下來」，而且還頻頻獲得國際認證與獎項的肯定。

二〇一六年四月，大愛感恩科技的「R2R」系列產品，榮獲德國綠色產品獎（Green Product Award），R2R 是英文 Recycle to Recycle 的簡寫，也就是把原本就由回收資源再製而成的物品，再次回收重新再製。大愛感恩於二〇一五年，開發出 PET 再製品的二次回收再製技術，不僅能把自家生產的毛毯、衣服重新做成新品，還開發出偏光墨鏡、口遮罩等用具。

資料提供／大愛感恩科技公司

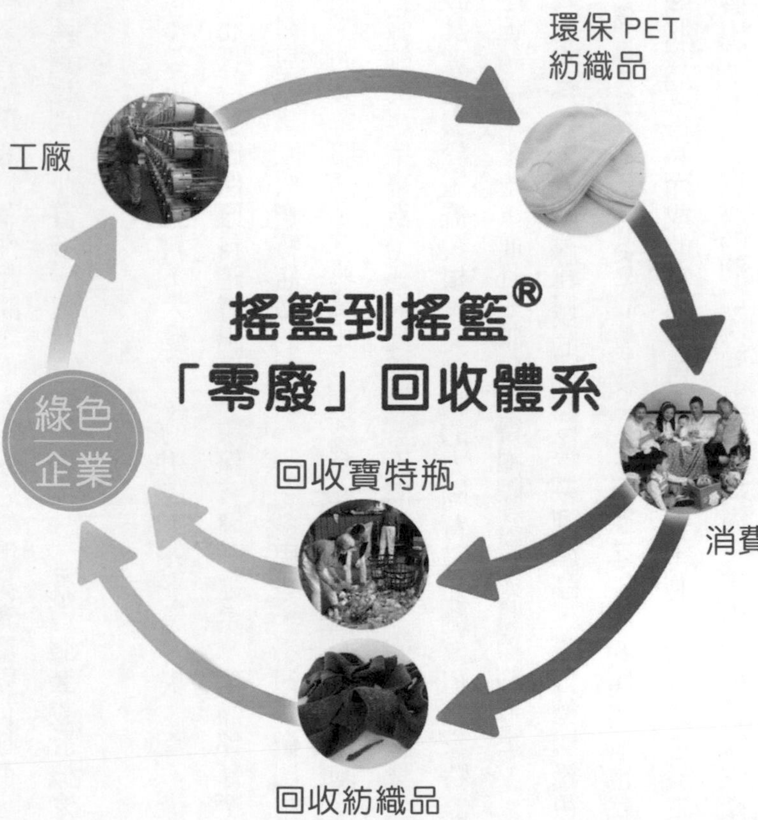

「我們一直在思考，能不能像寶特瓶一樣，用純粹加熱擠壓的物理法，重新把它融熔再製？」研發專員林正雄表示，目前已能將ＰＥＴ材質的衣服、毛毯百分之百回收再製。而且有趣的是，原本淺灰色的毛毯，經破碎、熱融、造粒、重新織造後，呈現的色調變成趨近於黑的深灰。

「這是很正常的，因為淺灰色毛毯原本是黑紗和白紗併織的，所以看起來像灰色。可是加熱融在一起後，碳黑均勻地分布在材質中，顏色就變得比較深。」

由於大愛感恩製造的衣服、毛毯，都是ＰＥＴ材料製成，回收再製並不困難。然而證嚴法師卻要求，不只要回收自家產的，還要把別的廠家、其他材料的衣服，也拿來回收再製。這個考題，確確實實高難度，因為現代紡織品為了美觀及舒適，大多混紡化學纖維及棉料。

如果把混紡的舊衣拿去熱融、造粒，棉纖維會因高溫而碳化，堵塞抽絲的濾網。因此大愛感恩特地與電子廠商合作，開發出「布料辨識儀」，可精確辨識布料中，ＰＥＴ、棉等材質所占比例。

為了推動舊衣回收再製，大愛感恩團隊預計把布料辨識儀送到幾個大型環保站，讓志工分辨回收衣材質。純ＰＥＴ，也就是含量百分之百的，就直接回收；混紡的料子，則做成高強度的「塑木」。

「做塑木的布料，可以含百分之四十到六十的其他材質，做出來的強度大約是一般塑木的兩倍到十倍，我們測試過，大概可以耐三十五噸的壓力，幾乎是用坦克車來壓才會破。」混紡的布無法再製成衣物，卻能做成強度堪比鋼鐵的塑木，而且連續泡水三週都不見膨脹變形，讓林正雄大吃一驚。

「後來我們用電子顯微鏡看，發現棉纖維幾乎均勻地分散在材料中，每一根纖維都被ＰＥＴ複合塑膠包覆住，可以發揮有如鋼筋的功能。而且中間基本上沒有任何空隙，水根本進不去。」

由於混紡布料回收再製的塑木強度高、耐水性好，適合在惡劣環境使用，證嚴法師特別指示加緊研發，將來做成簡易屋的材料，投入賑災。

隨著科技日新月異，大愛感恩能製造的環保產品愈來愈多樣化，已超過

1

盛裝食品飲料，回收標誌「1」的透明瓶身，具有高純度聚酯，才是最佳的原料。（攝影／蔡嘉駿）

2

❶ 寶特瓶回收後

❷ 經過切片、熱融、造粒等程序，就成為PET塑膠酯粒（攝影／江柏宏）

❸ 可提供紡織業者抽成細絲（攝影／楊舜斌）
❹ 再進一步訪成紗、織成布（圖／慈濟基金會提供）

3

4

原本起家的紡織領域。不過經營團隊始終沒把「賺大錢」擺在第一位，獲利是必須但不是絕對，以產品「說法」，把愛傳出去，更加重要。

「一般企業的 ROI（Return On Investment）是指投資報酬，大愛感恩和慈濟也講 ROI，指的則是影響力（Return On Influence）。」總經理李鼎銘的見解，加拿大慈濟人可為見證。

二〇一六年五月，地廣人稀的加拿大燃起了罕見的森林大火，超過六分之一臺灣大的土地頓成焦土。距離重災區四小時車程的愛明頓市，成了加國政府安置受災民眾的重鎮，該國慈濟志工前往支援。

「五月時，當地氣溫白天大概十度，晚上零度，我們穿衣服蓋被子睡還發抖。」負責帶隊的苗萬輝記得，愛明頓市一下子湧進了八萬逃難的人，毛毯相當缺乏，有錢也買不到。證嚴法師聞訊後，立即指示慈濟花蓮本會，緊急從臺灣空運四千條毛毯前往加拿大。

拿到臺灣支援的毛毯後，加拿大慈濟人立即在愛明頓展開發放，當地一名婦人黑澤爾，看到逃難的民眾拿到毛毯後，心情都安定下來，於是上前詢問志工：「能不能也給我一條毛毯。」

由舊衣回收製成的塑木，內含 PET 塑膠與棉纖維，具不吸水及耐高溫性，右側塑木條經六十度熱水浸泡多日，仍未膨脹變形。（資料提供／大愛感恩科技公司）

得知黑澤爾不幸罹癌，飽受化療之苦，苗萬輝應她所求送了一條慈濟毛毯，並告訴她毛毯背後，千千萬萬人「愛心接力」的故事。黑澤爾心滿意足地離開了，返家途中順道去醫院，探訪一位同樣罹癌的七歲小女孩。

「這個毛毯既然可以安我的心，是不是也可以安定她？」眼看小女孩因癌末病苦折磨哭喊不停，黑澤爾將手中的毛毯覆蓋在她的身上。在那一瞬間，奇特的事發生了，小女孩的痛苦彷彿瞬間煙消雲散，不但停止哭泣，還露出溫暖的微笑，當天晚上就蒙主寵召了！

女孩的父母，決定把那條毛毯當陪葬品，讓它呵護孩子走上天堂路。第二天，黑澤爾再次出現在慈濟服務站，把小女孩的事告知苗萬輝等人。「需要再送您一條毛毯嗎？」「不用了！」黑澤爾翩然離去，苗萬輝見狀心有所感：「那分感受已經在她心裏面了。」

一條毛毯，本無奇特之處，但因受到千萬人的祝福，被賦予了療癒人心的正能量。當第一線志工，拿著毛毯訴說背後的故事時，接受幫助的人得到的就不只是一份物資。

截至二〇一六年底，慈濟已送出了超過六十五萬條環保毛毯，嘉惠的對象包含了臺灣的照顧戶、南非黑人貧民、敘利亞難民。可以說每一時每一刻，地球上都有人在使用它，千萬個愛心也因此綿延不絕廣被全球。

「這是充滿愛的毛毯，有環保菩薩、實業家志工等所有人的愛心。所以當民眾拿到它時，會感受到滿滿的愛。」李鼎銘語帶感動地說。

非洲南部國家多處中高緯度，秋冬溫度偏低，賴索托婦女領到毛毯後，歡喜地披在身上。（攝影／林炎煌）

救命良食

沖泡即食香積飯

說起發明，都說萊特兄弟發明飛機。但和其他許多發明一樣，同時期或更早，其實都有相關理論和實驗不斷進行，而最後能踢上臨門那一腳，成為歷史上公認的該項發明者，往往是機運再加上最重要的「夢想」。

萊特兄弟擁有的知識、財力、團隊都不是最好，卻因為傻人有傻夢，即使一再失敗還是不氣餒，反而從錯誤中求進步，認為是離成功更靠近一步。

最後，他們的夢想實現，而且利益了世界。今日，人們藉飛行改變看世界的高度，打破國與國的界線，搭機旅遊，不羨鳥兒不羨仙。

慈濟「香積飯」的研發者，同樣是帶著一股傻勁的傻人，因為一個單純的承諾，自此投入辛苦的研發歷程，而樂此不疲。

特點 用水浸泡，免烹煮就能即時食用。

應用 莫拉克颱風、尼伯特颱風、高雄氣爆、菲律賓海燕颱風、塞爾維亞中繼站難民熱食供應。

問題來了：

領了白米，無法炊煮

「噠噠噠……」藍白相間的海鷗直升機結束搜救任務，依循塔臺管制順利降落嘉義空軍基地，救護士打開機門，攙扶獲救者下機。歷劫歸來的他吊著點滴，臉上還戴著氧氣面罩，神情疲憊，所幸傷勢並無大礙，還能自己走上救護車。

這位熱愛山林的科技人，於二〇一一年十一月初啟程攀登南湖大山，卻不慎墜谷受傷。受困地點在海拔三千公尺的山地，空軍與內政部空勤總隊出動了直升機，消防隊及民間救難隊也從地面徒步前往搜救。儘管透過ＧＰＳ衛星定位，所有單位都掌握所在位置，但陸空並進的搜救團隊，卻因地形崎嶇、山區連日陰雨而進展緩慢，事發後七天終於救出人。

待援期間，他吃光背包的罐頭和水果，包括慈濟研發製作的香積飯，以雨水泡開充飢，終於撐到天氣好轉，直升機順利完成救援。受困多日終於脫險，創造奇蹟的救命糧也瞬間爆紅，媒體記者和一般民眾、登山愛好者，紛紛來到靜思書軒流通處一「嘗」究竟。

一百二十 C.C. 熱水，沖泡二十分鐘，冷水約五十分鐘到一小時，即可食用。山友們的喜愛、救人一命的事蹟，是無心插柳的意外效應，其實這「一碗飯」的故事，得從多年前說起……

當時慈濟在中國大陸偏遠鄉區舉辦冬令發放，由於交通不便，鄉親們半夜頂著零下低溫翻山越嶺，天亮才抵達發放點。「伯伯，您慢慢吃喔！」現場冰天雪地，志工掏出身上的早餐饅頭，讓跋涉勞頓、差點凍昏的老人家恢復生氣。

發放現場人多、物資多，冷了、餓了還能即時幫忙，但也有老人家領回物資卻無法炊煮。志工的回報，令證嚴法師相當不捨。

「如果可將白米變成沖泡式乾燥飯，用水浸泡，免烹煮就能即時食用……」受濟者的需求，加上志工賑災時可能面對水、電、燃料、食物均缺乏的狀況，靜思精舍德晗及德偌兩位法師，把師父的話銘記在心，自二〇〇六年起展開速食乾燥飯的研發。

相較於一九六〇年代末期即風靡全臺，品項繁多的速食泡麵，速食乾燥飯的發展，不論在國內外都遠遠不及。究其原由，除了臺灣自一九七〇年代後脫離貧窮，食物供應充裕，一般人對乾燥飯需求不大以外，沖泡的方便性、成本售價等問題，也讓它無法廣受歡迎。

食用者少，加上國內廠商興趣缺缺，臺灣的速食飯幾乎都是進口貨，買的人也多半是登山客等小眾。因此，德晗師父展開研發初時，尋遍全臺都找不到做乾燥飯的廠商，最後在慈濟實業家志工協助下前往日本觀摩，回來後再自行實驗。師父們沒有專業背景，卻要克服連專業人士都未知的挑戰。

調味料、蔬菜包的問題好解決，但怎麼把煮熟的飯乾燥、保存又能「復水（沖泡後回復成飯）」就是個大難題。煮飯、乾燥、加水，一而再、再而三地重複試驗，每當實驗失敗，未能復水的飯，只好加水煮粥，自己吃下去。

所幸皇天不負苦心人，幾個月的實驗、修正，研發團隊終於克服米飯乾燥、復水還原的技術難關，沖泡出飽滿溫潤，有如剛開鍋的速食米飯。「可以媲美日本的乾燥飯。」賑災經驗豐富的實業家志工試吃後，異口同聲地讚歎。

為賑災所需，德晗師父致力研發香積飯，成功後設置機器量產。（照片／德晗師父提供）

眾人好奇，究竟師父們有何法寶，能夠做出高品質的速食乾燥飯？紛紛請求參觀「研發室」。盛情難卻下，德晗師父只好開放參觀，當實業家來到「研發室」，發現只是桂花樹下，一方擺放電鍋、水槽的小空間時，無不驚呼連連。

解決之道：

研製乾燥飯，復水即食

弟子們以非專業背景，廢寢忘食用心研發，終至成就專業、超越專業，讓證嚴法師感到既心疼又欣慰，因此在大功告成之際，依循佛教傳統，將這款速食乾燥飯定名為「香積飯」。

這一名詞，典出《維摩詰所說經》的〈香積佛品〉：

「上方界分過四十二河沙佛土，有國名眾香，佛號香積。今現在，其國香氣比於十方諸佛世界人天之香最為第一，彼土無有聲聞辟支佛名，唯有清淨大菩薩眾，佛為說法。其界一切皆以香作樓閣，經行香地苑園皆香，其食香氣周流十方無量世界。」

香，指的是遠離垢穢，宣散芬芳；積，聚集也，有積聚功德的意思；「香積」一詞，不僅包含物質糧食的滿足，也兼具精神資糧俱足、智慧福德圓滿之意，蘊含對烹調者、食用者誠摯的祝福。因此，後世漢傳佛教徒就以「香積」稱呼寺院、修行團體的飲食事務。

慈濟身為佛教團體，沿用此一傳統，尊稱負責膳食的志工為「香積菩薩」；因此，德晗師父等人研發成功的乾燥飯，就冠以「香積」之名。二〇〇七年研發成功後開始研發機器量產，次年年底於靜思精舍經營的靜思書軒正式上架。

「當初研發這種速食飯，是因應賑災所需，希望在災難第一時間，讓人有一碗溫熱的飯吃。此外，現代婦女工作忙碌，偶爾代替飯菜，省時又方便；泡成粥當早餐吃，就不用經常外食。」德晗師父道出證嚴法師指示研發香積飯的多重用意，其中一項別具宗教意義：「慈濟活動時使用香積飯，能節省香積志工的時間，就可以多點時間聞法精進。」

馬來西亞慈濟志工在大型營隊活動中試用，以準備一千人份午餐為例，以往香積組需要動員三十人，花七小時，耗費三千五百公升水、三十五公斤瓦斯；但使用香積飯加乾燥蔬菜包、調味包，省卻了大量洗菜、切菜、烹調所需的時間和資源，僅需投入十個人，花兩小時，使用兩百公升水，消耗五公斤瓦斯，就能做出等量的千人餐。

香積飯雖然使用簡便，沖泡方式卻與人們常吃的泡麵不同。市售泡麵依袋裝、碗裝、杯裝等不同形態，其麵塊或方或圓，放調味料、加熱水沖泡，通常等上三到五分鐘，待麵塊吸水膨脹，還原成Q彈麵條後，再行攪拌。

若用泡麵的方法泡香積飯，會使調味料分布不均，形成忽淡忽鹹的異常口感。正確方法是先將調味料、蔬菜包加熱水攪拌均勻，再放入乾燥白米持

香積飯的運用

可依自己喜好調整鹹、淡、濕、乾與份量。增加水量沖泡即可成為粥品。

1

將調味包倒入環保碗。

再倒人少量的熱水或冷水，以筷子將調味包攪拌均勻。

2

先以大湯瓢舀米倒人碗中。
米量：
男眾：三平匙（90 公克）
女眾：兩平匙（60 公克）

再以中湯匙舀蔬菜倒入碗中。
乾燥蔬菜量：
不分男女眾，均以兩平匙為基準量。

3

將倒入的米與蔬菜，以筷子充份攪拌。

請倒入熱水或冷水，以高過米量一公分即可，勿加太多，以免米飯會較濕。

4

沖泡時間：
冷水：靜置 50-60 分鐘
熱水：靜置 20 分鐘

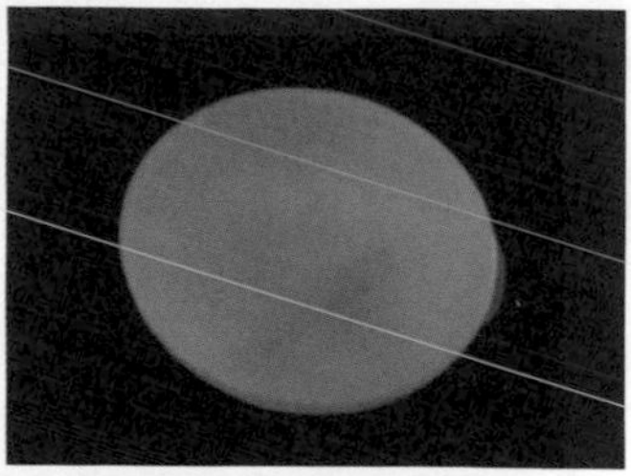

蓋上碗蓋，靜置一段時間，攪拌後即可享用。

香積飯的運用

香積飯、芋頭、糙米麩等食材製作香芋香素塊點心。

續攪拌，並視情況添加適量開水，才能讓飯粒充分吸收調味料，蔬菜分布均勻，做出一道好吃又營養的飯。

為了讓志工充分了解，並善用這份精心調製的資糧，德晗師父及一同研發的夥伴，自二〇〇九年元月開始行腳全臺靜思堂，向各縣市及海外志工說明研發香積飯的意義及沖泡的方法。

救援線上：

災區最佳活力來源

師父們帶來的香積飯，志工們反應不一。有人覺得新奇，也有不少人質疑：「現在香積組的料理已經很好吃了，為何要捨營養美味的新鮮飯菜，屈就乾燥飯？」

不管志工們接受度如何，德晗師父還是用心宣講，及至二〇〇九年夏天，天，莫拉克颱風帶來「一日千釐」的暴雨，香積飯展現了應急功能。

當日下午，花蓮靜思精舍的師父及志工們，整理庫存的十六噸香積飯，打包啟運前往高雄。

一千多名志工湧入高雄靜思堂開爐舉炊，將玉米、香筍、蔬菜、紅豆糙米等口味的香積飯，一袋袋倒入大鍋中，和著熱開水還原成熱騰騰的米飯，旋即裝入環保餐盒，配上青菜、豆乾等副食，一箱箱載往收容所以及救災第一線。

在宛如泥塘的林邊、佳冬，許多鄉親受災後的第一餐熱食，就是慈濟志工奉上的香積飯。前線志工突破險阻發放食糧，留守精舍的香積飯製造團隊，則以三班制二十四小時不停機的生產，供應所需。為了方便趕工，師父們甚至睡在機臺旁過夜。

八月八日下午開始至二十日為止，總計送出多達三十四噸的香積飯。由於乾燥飯復水後重量增加，一個大人一餐所需，只需要八十到一百克飯量就足夠，若三餐都以香積飯為主食，一人一天也只需不到三百克。以三十四噸的香積飯估算，足可做出三十到四十萬份熱食，讓十三、四萬人獲得一日溫飽。

德晗師父印象最深刻的，是救災及清掃志工出發前往災區前，就泡好香積飯放入背包，不用再麻煩當地志工準備，證嚴法師表示，這才是徹底的助人。

此次援助行動，驗證了香積飯的實用性，也讓許多志工學會如何使用這項重要物資。在二〇一三年賑濟菲律賓海燕風災的行動中，臺灣志工也發揮「不請之師」的良能，主動請纓前往重災區萊特省，指導菲國慈濟人用香積飯應急。

第一批援菲的香積飯，由空軍運輸機載抵宿霧機場，馬上由菲國慈濟人領出，運往萊特省的獨魯萬、奧莫克等重災區。隨後抵達的臺灣志工羅美珠、蔡美玉，就在獨魯萬市的興華中學擺開鍋具，帶領由大馬尼拉區趕來的菲國志工，及熱心的在地年輕人烹調，為成千上萬接受「以工代賑」援助的鄉親供應熱食。

身兼家庭主婦與資深志工的她們，深知熱騰騰、香噴噴的飯菜，不僅能溫暖鄉親們的胃，更能提振人們的精神，特別發揮創意，在料理時加上食用

海燕颱風重創菲律賓，慈濟志工前往重災區萊特省獨魯萬市以香積飯發放熱食。（攝影／蕭耀華）

油，把「泡飯」做得像「炒飯」，一開鍋果然大受歡迎。

「一箱賑災用香積飯有十公斤，分裝成兩大包各五公斤重，一大包五公斤米加十公升熱水沖泡，可以供應七十人份。」羅美珠把訣竅傳授給後來的志工，以確保香積飯的口味及品質不變。

許多參加以工代賑的鄉親，在領到熱騰騰的香積飯後，就趕緊回家，用揮汗打掃「賺」到的熱食，餵養年幼的孩子們。自大量供餐，到以工代賑告一段落，海燕賑災香積團隊，總計供餐二十八萬人次。

對於同樣以米為主食的菲律賓人來說，一份實實在在的米飯，就是最好的活力來源，吃到久違的熱飯、熱菜，有人甚至高聲歡呼。其實不止受災民眾，就連第一時間趕赴災區的菲律賓志工，也慶幸有香積飯可吃。

「海燕風災發生後，鄉親們一無所有，從影片中，看到小孩、大人用我們的包裝袋盛裝香積飯……我才發現製作香積飯的價值在哪！」德晗師父激動地說。

身處受災區，志工生活條件與受災民相差無幾，香積飯成為他們省時、省力的主食。（攝影：上圖／黃秝淇；右圖／吳麗花）

隨時待命：安全存量，流通保鮮

吸取國內急難與國際賑災的經驗，德晗師父確立香積飯三十噸的「安全存量」標準，大約是兩個貨櫃的量隨時處於待命狀態，一旦國內或海外需要，馬上就能上車、上船、上飛機，投入第一線。不過，這些物資並不是鎖在倉庫，而是搭配靜思書軒的銷售管道，將生產、倉儲、物流結合成一套不斷保鮮的循環。一來讓慈濟志工或民眾方便購買，二來確保備災儲存的香積飯都在保存期內，隨時隨地安心食用。

因此，靜思書軒同仁都有一個默契，如果擺出香積飯讓民眾買得到的話，那就代表天下平安無大災。若有一天，香積飯從架上消失，那就代表有緊急狀況，原本用於備災的庫存已不敷使用，必須抽調門市的現貨了。

除了臺灣，香積飯也流通到國外，二〇一二年秋冬之交，美東地區慘遭桑迪颶風蹂躪，美國的靜思書軒、靜思小築，趕緊把架上的小包裝香積飯撤下來應急。但盤點之後，發現總量不到三百小包，以一小包六十公克沖泡一碗飯換算，數量實在不夠用。慈濟美國總會於是與華人超市業者合作，擴大「寓備災於流通」的範圍與規模。

「要去哪買？」「裏面就有！」志工在北加州庫菩提諾（Cupertino）的華人超市門口擺了個小攤位，向來客介紹香積飯的緣起與使用理念。走近放置香積飯的櫃位，可口的小飯丸已恭候大駕，等著有緣人將它送入口中。大人、小孩吃得津津有味，志工滿心歡喜地解說，鼓勵客人把一袋袋香積飯帶回家享用，同時護持災害防救。

「做香積飯是為了儲備糧食，它是慈悲和智慧結合的產品，沒有『經濟效益』。」德晗師父表示，常住師父們耕種、做手工維生，但製造香積飯並不是為自力更生，而是應急難救助、國際賑災的需求；靜思精舍僧團為了護持香積飯生產線，甚至不惜投入大筆「磨手皮」賺得的辛苦錢。

「商業上沒有那麼多需求，哪一個『老闆』願意花這麼多錢、這麼大的空間來做這樣的儲備糧？」德晗師父說，靜思精舍特別規畫一方大空間設立「協力工廠」，自二〇一〇年開始，香積飯的生產線就移到這座規模宏大的廠區。為了護持臺灣的糧食自給率，還特別堅持使用本土產的優質米做為原料。

由於生產製造，是依需求訂排程進行，在天下無重大災難，不需趕工增產的正常狀態，若只生產香積飯會造成產能閒置。「所以我們還研發了許多產品，如堅果、莓果、香鬆、冬菜粉、穀粉、湯品等。」

不同於一般食品廠兩班制或三班制，不捨晝夜地運轉，協力工廠的運作模式不求快速、量大，而是量少質精，以品質、食安為第一優先。包含香積飯所用的米在內，協力工廠所用的農產品原料，都要通過重金屬、農藥檢測。

「我們跟績優米商簽特定約，要製造香積飯時才採購，才開始碾米，不是碾好放在那邊，所以都很新鮮。做香積飯的米，碾製法和一般不同，雖然是白米，但胚芽頭還在；剛煮出來熱騰騰的時候，就馬上送進機器乾燥。」

本著把食用者當自家人，自己不敢吃的成分絕不添加的原則，德晗師父與參與香積飯等食品製造的僧眾、職工、志工們，都致力於生產安全、天然的食品。

「好比我們做的堅果，都是用精舍農地自己種的香草植物，萃取汁液來

慈濟志工泡煮香積飯，提供給流亡塞爾維亞的敘利亞難民食用。（攝影／蕭耀華）

蜜合的。所以香味和甜味，不同於市場上買到的堅果。」論品質與食安，德晗師父充滿自信。

目前香積飯已通過ISO 22000 & HACCP國際認證，不僅品質再次獲得保證，未來國際賑災通關時，也可省卻繁瑣的檢驗程序，更快速地嘉惠受災區民眾。

談到行銷，德晗師父坦言由於自家產品太「真實」，不使用人工添加物降低成本、加重口味，在外面的通路，很難和其他食品競爭。

「我一直在思考，如何接引更多人吃素？現代人都不吃味精，但一碗沒有味道的湯，人家也不愛喝，我要幫助想吃素的人，能夠享有好味道，而且能夠兼顧營養、健康和安全。」

不久前，德晗師父因健檢而限制飲食，就多倒些熱水，把香積飯沖泡成粥當成簡單的一餐，在吃的當下領悟到：「每個國家口味都不一樣，但當很餓的時候，有一碗香積飯泡的白粥可以吃，就會覺得自己真的很富足。」

「中東人也吃米食，他們還滿喜歡吃飯的，喜歡不加東西，乾一點的飯。」德國慈濟志工林美鳳談起前往塞爾維亞援助中東難民的情形，當時接觸到的難民，已經吃了好幾天的冷麵包和罐頭。「香積飯配優格加酸黃瓜，他們就吃得很高興，也讓我們有機會跟他們多互動。」

歐洲慈濟人用臺灣生產的香積飯，膚慰了中東難民的心與胃，不僅示現了米食文化的廣布，也顯示真誠的「熱心」與真實的「熱食」，的確能發揮

因應海地人民的飲食習慣，慈濟特別開發「紅豆香積飯」。（照片提供／美國總會）

困境中送溫暖的正面效益。

就如證嚴法師草創慈濟時，靜思精舍僧團生活清苦，日常飲食難得飽足，但為了讓前來領取救濟物資的民眾免於飢餓，法師特地借米煮粥。米糧有限，但食用者眾，僧眾們只能往鍋裏一再加水，加到最後竟然映照出青山綠樹、藍天白雲。證嚴法師於是有感而發：「一粒米中藏日月，半升鍋煮山河」。

法師的譬喻，說明粒米、個人或許小如微塵，卻蘊涵不可思議的潛能，若能由一而聚百千萬，積少成多後，就能發揮強大的慈悲濟世能量。對受幫助的人來說，這一碗飯提供的，不只是人體必須的碳水化合物、蛋白質、纖維素，還有來自十方的愛與祝福，足以療癒傷痛，振奮人心。

從難見終點的歐洲難民路、海地颶風災區，到臺灣各地靜思堂的廚房，香積飯都發揮了解除「身心飢餓」的良能。儘管在超商隨處可見，小吃攤、餐廳林立的臺灣，它的存在若有似無，但身處平安地的人們，若能靜下心來細嚼慢嚥一番，亦不難品得平淡中的幸福滋味，體會懂得「惜福」就是真正的「富足」。

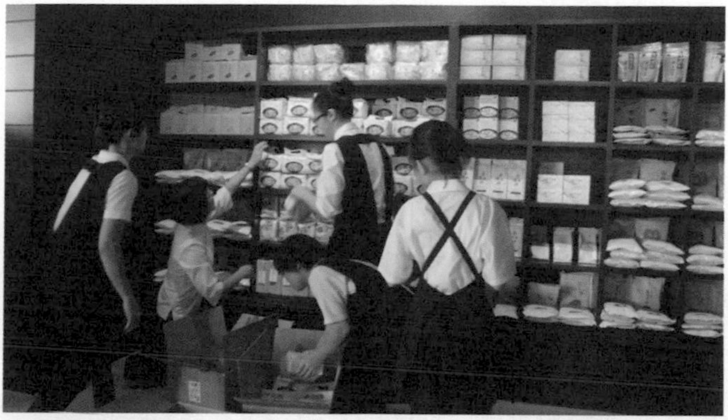

為確保供貨因應急難所需，香積飯平日於靜思書軒或超級市場流通，災難來時隨時下架送往災區。（攝影：上圖／林妍君；下圖／王秀玉）

穀中紅寶

農業生醫研究與慈善農耕

為了保存地球上珍貴的種子，已經有許多國家成立專門機構，目前規模最大的是挪威斯瓦爾巴全球種子庫（Svalbard International Seed Vault），位在距北極點約一千公里的斯瓦爾巴群島的一處山洞中，可儲存上億顆種子，以因應天災人禍導致物種滅絕時，重新提取種子栽種。

二〇一五年，敘利亞戰火持續擴大，嚴重影響當地學者的研究，從敘利亞搬遷到黎巴嫩的研究人員於是向種子庫申請「提取種子」，這是被外界稱為「諾亞方舟」的種子庫落成以來，儲存的種子首度被提取。

種子的故事不只於此，曾有科學家從古老墳墓、廢墟中找到數千年前的種子並嘗試種植，竟然也有成功發芽成長的例子，令人感到種子生命力的不可思議。說起種子的故事，這也有一個——

特點

「高劑量」的純天然營養食品，耐旱又耐貧瘠。

應用

萃取紅藜莖中「生物活性物質」用於傷口復原，保留紅藜穀粒中的「甜菜素」促進養生，輔導尼伯特颱風受災農戶種植，重建家園。

「火車爺爺」的遺澤

「沖水後顏色就會出來，有點像草莓的顏色。」端出和哥哥江志鵬一起調配的紅藜穀粉，江雨蒨興奮得像個小學生，迫不及待向指導老師「獻寶」。

「這麼神奇？」耿念慈張大眼睛，看著這對中年兄妹檔學生的試作成果——米黃色的乾燥穀粉，加熱水攪拌幾下，就浮現粉紅色澤，讓人看了不「融化」也難。

「我們嘗試加入玄米，不單單只有紅藜的味道喔！」江志鵬接著端出「紅藜玄米茶」，鮮紅茶湯配上熟糙米香氣，提供了視覺與嗅覺的雙重享受。

另一位指導老師劉威忠淺嘗一口，露出肯定的微笑。

紅潤的色澤，顯示他們已獲得兩位慈濟科技大學師長的「真傳」，做出具有高「顏值」與營養價值的紅藜加工品。

如此奇妙的農產技術，應該是農業科系的智慧結晶。但令人驚奇的是，慈科大諸多科系當中，沒有一個與「農」字相關。主導農業生醫研究的夫妻檔老師劉威忠和耿念慈，任教於慈科大醫學影像暨放射科學系，負責解剖學及細胞生物相關學科。二〇一三年前，兩人都在教室、實驗室工作，不曾在土地上動過一鏟一鋤，直到一位「無語良師」來到慈科大。

「為了延續『火車爺爺』的精神，把大愛傳承下去，我們帶著學生種植藥草，煮成青草茶帶到環保站與志工結緣。」耿念慈談起師生們投入農耕的緣起。

眾人口中的「火車爺爺」，是大體捐贈者鍾易佑老先生。由於退休前是臺鐵司機員，因此被暱稱為「火車爺爺」。

鍾易佑不僅致力於回收鐵鋁罐、寶特瓶等物資，還經常煮青草茶慰勞嘉義當地的慈濟環保志工。往生後，他把自己的身體「資源回收」，捐給慈科大當大體解剖教材。

為了感謝「火車爺爺」，兩位老師率領學生遠赴嘉義拜望他的家屬，並把他生前用於煮青草茶，上面寫著「火車」兩字的大鐵鍋帶回花蓮，為花蓮環保志工煮青草茶。由於藥草用量大，夫妻倆於是帶領熱心學生組成「花語社」，將種植藥草、花卉當成課餘的社團活動。

起初用地約一百五十五坪，之後漸增到三百坪。由於慈科大坐落在美崙溪由高山進入平地的過度帶，地表滿布中央山脈沖積而下的石塊，空地上幾乎看不到土，師生們只能用雙手闢石為壤。

社團成立時有五、六十人，連續三個月整地撿石頭後，只剩三十人。這三十人中，家境清寒的就占了四分之一。有一次，兩位老師聽到證嚴法師談起國際賑災，就突發奇想：「如果種一點糧食，同學們就可以溫飽了。」

劉威忠表示，種植糧食一起享用，可以讓家境清寒的同學們，有機會和夥伴們聚餐，彌補因經濟條件不足，難以參加同儕活動的遺憾。

他們種植的都是耐旱、生命力強的作物，但碰到石頭地也不得不低頭。曾有種植的黃金薯（樹薯）因石塊阻礙無法鑽地，只能匍匐前進露天生長，竟也長到一公尺長，堪稱天下一絕。

兩位「傻瓜」老師帶領學生砍竹子做圍籬，在一片石海中又挖又撿，讓親眼目睹的慈濟志工不捨。建築業出身的志工徐文龍於是自掏腰包，會同校方資源，調來怪手、推土機，以機械取代人力，進行大規模整地。

助理教授劉威忠（左三）向臺東專科學校教職員、臺東農民講解紅藜的栽種過程及注意事項。（照片提供／慈濟科技大學）

幾天功夫，空地上多了一座石塊疊成的小山。一番整頓後，崎嶇的農地平整許多，表面也露出較多土壤，但好像「大石頭會生小石頭」似的，依舊是石海一片。

儘管條件不盡理想，劉威忠、耿念慈依舊帶領學生努力耕作，並招募貧困生加入研究團隊，提供他們工讀機會。慈科大的慈善農耕與農業生醫研究，就在那外人不看好的土地開始萌芽。

種植首選：

押寶紅藜，播種開始

研究經費有限，夫妻倆為了維持團隊運作、照顧清寒學生，已經倒貼不少，眼看手頭愈來愈緊，不趕快想別的出路不行了！

劉威忠挑選了上百種植物作為候選研究對象。要在一個學期、三四個月內看到成果，多年生的果樹首先被排除，南瓜、玉米不難種，但發揮空間不大。若不成功，整個團隊將無以為繼，眼看時間、經費的壓力愈來愈大，劉威忠決定押寶紅藜。

憑著早年研究中草藥用於輻射防護的經驗，他重拾古代醫典《本草綱目》，發現藜類植物運用在醫療美妝方面的可能性：「藜，又名紅心灰藋、鶴頂草、臙脂菜……莖燒灰和荻灰、蒿灰等分，水和蒸取汁煎膏，點疣贅黑子、蝕惡肉。」

古人以藜的成分，對治皮膚表面疣痣、小贅肉，若以現代科技善加提煉萃取，或許能將其治療皮膚病、美顏的效用，更加發揚光大。

古人的智慧，讓劉威忠確定自己的選擇沒有錯。而早在他收集資料展開「嚴選」前，網路、期刊論文、商業廣告上，已充滿紅藜「完勝」其他穀物的資訊。

根據農委會《紅藜推廣手冊》列舉的資料，臺灣原生種紅藜的蛋白質含量達 14.4%，幾近稻米的兩倍；鈣含量為 2523 PPM，是稻米的五十倍；鐵質含量達 55.6 PPM，比牛肉的 30 PPM 還高；鉀含量更高達 35280 PPM，是大豆的兩倍，牛肉的十倍以上，可說是天生「高劑量」的純天然營養食品。

在營養學尚未發達的古早時代，紅藜在臺灣的種植範圍，僅限山地原住民部落，而且還居於次要糧食的地位。但其耐旱、高營養的優勢，曾在一九一八年臺灣遭遇嚴重乾旱與寒害時，維繫了許多原住民的生命。

第二次世界大戰後，美國積極擴展太空事業，為了確保太空人能攝取足夠營養，維持工作效率，太空總署積極尋覓重量輕、體積小，但營養含量高的食物，最後發現原產於南美安地斯山的藜麥，最符合「太空食物」的標準。

美國科學家如獲至寶，把它製成太空人的食糧，聯合國也大力推薦。西方人發現藜麥的好處，寶島子民隨之風靡，殊不知在臺灣有文字紀錄之前，原住民老祖宗就已開始食用它的近親——臺灣藜。

下定決心栽種紅藜後，夫妻倆再次率領學生，走入滿地石頭的實驗農場，播下一顆顆豔紅的藜種。劉威忠甚至揹起割草機，忍著引擎排出的油臭味和漫天飛舞的草屑，為紅藜的生長掃除障礙，課餘時間不夠用，進而犧牲自己的休假。

老師帶頭勞其筋骨，學生們看在眼裏，也就更有動力堅持下去。當別的同學選擇在有冷氣的便利商店打工，在農業生醫團隊的學生們卻是扛鋤頭、戴斗笠、頂著大太陽，一步一腳印地耕耘。

「同學中很多來自低收入家庭，因為窮過，他們知道一餐溫飽的重要性。所以我們號召學生，告訴他們紅藜有機會運用到國際賑災、人道救援。不要從汗水中看見辛苦，要從汗水中去發現價值！」

在滿是石礫又缺水的土地上耕種，汗水、辛勞是免不了的。但以身作則的劉威忠與耿念慈卻很看得開，甚至轉個心念，把劣勢當優點。「這片土地本來就不肥沃，有點像國外乾旱地區的土地，如果把它當成國際賑災的農耕研究基地，根本不用再加什麼。」

保存營養：

萃取精華，提升附加價值

慈濟科技大學種植的第一批紅藜，在二〇一五年夏天收成了！乘著暑假人少的空檔，大夥拿校舍走廊當晒穀場，把一株株紅藜鋪在地板、欄杆、女兒牆上晒乾。鮮紅的藜穗掛在灰白色的廊道上，就像一條寬大的彩帶。

儘管產量不算多，但用於實驗研究已綽綽有餘。有鑑於臺灣小農平均耕作面積小、單位生產成本高，農產品很難和進口貨拚價格，團隊朝向「以科技提升附加價值，以高收益嘉惠農民」的方向努力。

現代化農耕不能一味「Work Hard（埋頭苦幹）」，還得要「Work Smart（聰明工作）」。含笑收穫後，師生們洗淨手上的塵土走進實驗室，為紅藜的運用尋找新的可能性。

紅藜市價比高級白米貴上一大截，卻還供不應求，「一公克一塊錢」就算很優惠了；因此，使用者多半取少量帶殼或去殼的藜籽，加入米中蒸煮，以此增加米飯的營養。劉威忠及耿念慈進一步「精雕」這顆穀類紅寶石，不只要保有更多好的營養成分，還要開發出「吃」以外的用途。

一杯色澤鮮豔的紅藜茶，發出如玫瑰般的顏色，是甜菜素保存完好的證明。顧名思義，甜菜素是從甜菜中發現的成分。如果要靠吃天然甜菜攝取足夠的甜菜素，會連帶吃下許多糖，造成人體不必要的負擔。相對的，紅藜也富含甜菜素，但含糖量很低，不但能避免糖分過高問題，還能同時吸收其他營養。

「甜菜素容易受到不當的加工處理而遭受破壞。」參與研究的醫放系學生柯雅淳表示，由於甜菜素保存不易，「我們要做的是將破壞甜菜素的因素排除。」

在鍥而不捨地努力下，師生們終於突破過濾技術的瓶頸，製作出保留豐富甜菜素的茶包和飲品。紅潤的色澤，不只賦予產品高「顏值」；更重要的是，保留紅藜甜菜素對心血管的保養功用。

除了在保全營養上下功夫，幫紅藜飲品加值外，另一個努力重點，是「生物活性」物質的應用。師生們先從紅藜的莖中萃取生物活性成分，再注入模擬人體皮膚的纖維膜中，觀察對細胞生長的影響。

紅藜莖資源回收，萃取出來的物質能促進細胞的修復與生長，也就意味著它可能在醫療、美顏方面發揮效用，耿念慈、劉威忠於是請團隊中出身高職資訊科的同學，組了一部3D列印機，將生物活性成分噴印製成「生物活性纖維」敷料。

這項新發現，挖掘了紅藜在食用之外的運用潛力，也印證了古人以藜灰入藥，用於外敷的療法，確有其科學依據。

產學合作：

農業科技化，解決糧食不足

在校長羅文瑞及多位慈濟志工的協助下，脫胎於「花語社」的慈科大農業生醫研究團隊，推出了紅藜製成的餅乾、茶品、面膜、敷料等試製品。劉威忠、耿念慈並向校方申請補助，帶領學生參加國內外發明展。

二〇一五年六月，慈科大團隊以「藜麥生物活性物質萃取器」在美國匹茲堡發明展中獲得金牌獎。這項新技術保留了紅藜中可利用的甜菜素，以及具傷口修復功效的成分，不僅能用於生醫美妝，也增加了藜麥全株的利用率，提升經濟效益。

慈濟科技大學團隊研究出來的紅藜茶與紅藜穀粉，保留大量甜菜素，色澤紅潤，有益於心血管。

同年十二月，慈科大醫放系在高雄國際發明展中，取得兩金一銅的佳績，其中一面金牌，就是頒給紅藜萃取物製成的「生物活性纖維」敷料。第二年五月，這項發明的發展潛力，受到國外發明界肯定，獲得第二十七屆ITEX馬來西亞國際發明展金牌獎，不僅為校爭取榮譽，也為臺灣增光不少。

隨著金獎佳績而來的，是業界人士的關注。有次到臺北參加發明展，劉威忠帶了一株長了一年、根莖如拳頭般粗的紅藜植株，當場就有生技業者出高價，希望買下來當招牌。儘管他婉拒對方請求，卻從中見識了此一研發成果的價值。

師生們拚出成績後，許多農業生醫界人士，主動前來慈科大洽談產學合作事宜。有了外來資源的挹注，原本的實驗農場升級成「農業生醫教學園區」，除了原本種藥草、紅藜的園地外，還多了幾個大有玄機的貨櫃。

「請套上鞋套。」開門之前，實習的同學請參訪者著鞋套、頭套，以免將灰塵細菌帶進培育「香檳茸」的貨櫃，小小動作，透露出高精密度的嚴謹。

有心的生技公司找上慈科大團隊，一同研究貨櫃種植，希望排除惡劣天候的影響，幫助農民獲得豐厚穩定的收入，擺脫看天吃飯做白工的老問題。

而慈科大團隊更看重菇蕈類富含纖維質、蛋白質、多醣體，且種植過程低耗能的優點，希望未來可以用這項技術，應對氣候變遷造成的糧食不足問題。

目前，慈科大已嘗試運用貨櫃屋等設施，模擬不同氣候下的耕作環境，作為慈濟人道援助「慈善農耕」的研究基地。

人才養成：

肯做實做，業界「下訂」

能讓知名生技大廠刮目相看，慈科大的研發水準無須多言。但廠商們更看重的是，團隊中具有「即戰力」的人才。

「從來沒有一所學校，是老師帶學生從種植開始，採收、實驗、研究、分析，一直到產品開發。同學願意從第一線開始做起，這是很少見的。」一位生技公司高階主管，道出了參訪後的感動。

合作廠商中，有不少和國立大學、科技大學進行產學合作，見識過經費充裕的「豪華版」農場及實驗室，但來到資源有限、設備簡單的慈科大農場時，卻被在田親身耕作的師生深深震撼。

「我們沒有教特別的技術，因為技術到處都有，但是我希望他們從最平常的東西去創新。走到第一線，去發現問題、解決問題，就可以創造新的價值。」不因未知而退縮，遇到不會的就去問、去學，強調手腦並用、從做中學的技職軟實力，讓慈科大團隊不論培植紅藜、香檳茸、中草藥、藻類，都能勝任愉快，學生也從過程中產生自信、肯定自我。

「我不懂電路板，也不懂程式設計，但我的學生會，他說：『這很簡單啊！』」劉威忠讚許「小牛」對團隊的貢獻。

這位畢業於高職資訊科的內行人，造訪多家廠商購得合適的零件組成硬體，上網下載免費的自由軟體改寫成驅動程式，並將原本的噴頭換成醫療級材質。以不到兩萬元的花費做出合用的3D生物列印機，成功幫助團隊把紅藜莖萃取物製成「生物活性纖維」敷料。

「小牛」可說是該項研究獲得金牌獎的關鍵人物，很難想像剛入學時的

慈科大行銷與流通管理系主任陳皇曄老師（左二）帶領學生透過網路行銷紅藜茶，吸引年輕族群。（照片提供／慈濟科技大學）

他，曾是個茫然無著的「失意男」。

陰錯陽差考入醫放系，「小牛」心情低落，成績一度「當」到退學邊緣。但農業生醫的研究工作，卻讓他得以發揮長處，不再虛無萎靡。

「我學到最多的是實驗方面，還有看事情的角度，老師帶我們不是只做能力範圍以內的，他要我們看未來，不要被自己的想法拘束住。」已經找到努力方向的「小牛」如此說道。

協助災戶：短期有收益，重建有動力

正如證嚴法師常說的：「不要小看自己，因為人有無限可能。」耿念慈、劉威忠延續大體老師的遺澤，從帶領學生種中草藥做起，一路辛勤耕耘，挑戰未知，用短短三、四年時間，在慈科大開拓出農業生醫的一片天。及至二〇一六年七月，尼伯特颱風重創臺東縣，當地農戶損失慘重，證嚴法師指示慈科大團隊，將技術及經驗無償相授，協助受災農民復建。

「紅藜栽種不難，只怕兩樣——梅雨季和颱風。」走在三千坪大的實驗田，江志鵬邊採收邊聊尼伯特災情，與災後學種紅藜的點滴。以播種育苗為例，一個蘿蔔一個坑的「點播」法如果遇上大雨，種子可能泡爛無法生長，而大量「撒播」的方式，則需要事後移植、疏栽。

出身臺東縣太麻里鄉的江志鵬，本是農家子弟，父母靠種植稻米、蘭花等作物拉拔他和妹妹江雨蒨長大成人，後來轉種高經濟價值的釋迦果，在太麻里當地算得上是有規模的農戶。

盤商、觀光客載走了一箱箱釋迦果，為他們帶來豐足的收入與殷實的生活。不過，兄妹倆還是離鄉背井到外地打拚，返鄉的日子不多，但釋迦收成的時候，江志鵬都會回去幫忙採收、裝箱。

世事無常，二〇〇九年莫拉克颱風肆虐，江家的田園和店面被太麻里溪的滾滾洪流吞沒了，財產損失慘重；二〇一六年七月的尼伯特風災，又重創了好不容易恢復的基業。

災後，兄妹倆返回老家探視，但見釋迦果樹摧折凋萎，葉子乾枯、了無生氣，被強風吹落的釋迦果實散落地面，像壞死的肢體般發黑腐壞。一整年的心血盡付東流，而挖除枯死果樹、重植新苗，得要等上四年才能結果採收。

務農的父母別無選擇，只能一步一腳印再次重建。但這一回跟以往有些不同，蘇迪勒肆虐後，證嚴法師行腳臺東訪視災情，會見損失慘重的在地農戶時，建議他們：「去慈濟科技大學學種紅藜！」

張鳳蘭是臺東慈濟的資深志工，追隨證嚴法師多年，聽到師父指出一條明路，便鼓勵兒子江志鵬北上花蓮學習。

與此同時，江志鵬也興起了返鄉務農的念頭，會同妹妹以及畢業於生技科系的同鄉劉清鴻，來到慈科大學習。

種植技術與加工部分，由醫放系的劉威忠、耿念慈老師負責，後續的銷售、通路經營，則由行銷與流通管理系陳皇曄及郭又銘老師指導。校方希望前來學習的農友們把「產」與「銷」的真功夫學起來帶回家鄉，先自助而後再去助人。

對少有務農經驗的兄妹倆來說，初學階段免不了跌跌撞撞，但比起父母種釋迦，還要剪枝、包袋簡單多了，而且快則三個月，慢則四個月就可以收成，帶來即時的收益。對需要經年累月重建的受災農戶來說，是個不無小補的副業。

但兄妹倆與慈科大團隊著眼的，不只是田園的復建，更重要的是拋磚引玉，接引有志青年和農友採取友善大地，不灑農藥、不施化肥的「自然農法」，生產自然純淨的作物，並結合生醫科技、行銷通路，創造更高的價值。

「慣行農法是農藥一用，草就除掉了，肥料用化學的，用久了，土質就沒有那麼健康。爸爸那一輩，用農藥、化肥習慣了，要他轉變，他還真不知

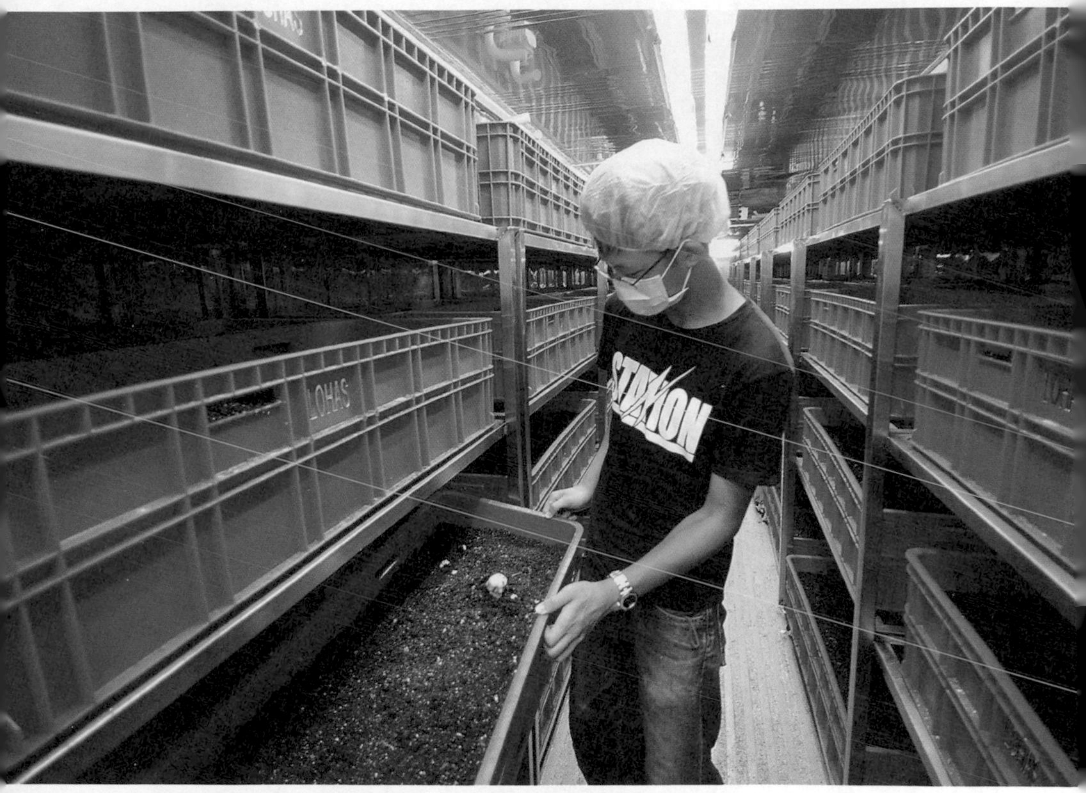

菇蕈類植物富含蛋白質、多醣體等營養素，於貨櫃內種植，可避開天氣變化影響，是當前農業生醫研發的重點之一。

道怎麼做。如果年輕人剛開始接觸農業，就教他自然農法，他就不會想用慣行農法。」

江志鵬表示，證嚴法師曾叮嚀他們：「要認真學習，回到家鄉後要推廣！」因此兄妹倆除了將在慈科大學到的耕作技能，與自然農法觀念，運用在自家新闢的紅藜田中，也把經驗教訓銘記在心，為後進者指點迷津。

從二〇一六年九月份「入學」，江家兄妹依循劉威忠老師「不求量多，但求質精」的原則，邁開了正式從農的第一步，種在實驗田的藜穗，有如春聯般的鮮紅，象徵著慈科大的農業生醫產學合作，已開始發揮協助受災農家復建，促進人與大地共榮的良能。

二〇一七年三月四日，江家兄妹及母親張鳳蘭，會同慈科大研究團隊，一同前往靜思精舍，將研發成功的紅藜產品呈給證嚴法師。

「大地不但滋養萬物，也負載著人類，我們住在這塊土地上，應該要用感恩心回饋、膚慰大地，讓大地能夠養息，不要為了商機，而種植傷害土地的作物。」法師肯定了眾人堅持自然農法的用心，也提醒道：「敬天愛地才能聚福緣。」

走過篳路藍縷的過程，流過辛勤耕耘的汗水，方能體會眼前的豐碩與幸福，是多麼值得珍惜。隨著時光推移，最早跟著兩位老師當開路先鋒的慈科大學生，已修業期滿畢業離校，農業生醫團隊人事更替，但為師者的理念依舊。

劉威忠認為，經過實際面對問題、解決問題的磨練後，將來學生就算不從事生技產業，走本行從事醫療，都可以運用同樣的做法，把臨床上遇到的問題加以改善，增進病患福祉。

「當我們走到第一線，親自下去種植、下去觀察，就會有不一樣的成果。」劉威忠堅信，付出的汗水都不會白費。

慈科大無償培訓太麻里農民學習紅藜栽種技術，積極協助農民轉型。（照片／慈濟科技大學提供）

江志鵬（右）與臺東同鄉劉清鴻，一同到慈濟科技大學學習紅藜種植與產銷加工。

六月，劉威忠及耿念慈在校長羅文瑞大力支持下，再次率領農業生醫團隊，赴美參加匹茲堡 INPEX 國際發明展，榮獲一金二銀佳績。其中，「應用於組織修復的紅藜芽點生物活性膜」不僅勇奪金牌，更獲頒「克羅埃西亞特別獎」。

豐碩的成果，顯示慈科大致力推動的農業生醫研究與慈善農耕，已發揮幫助受災農村重建的效能，那分對自然農法的堅持，護持賑災、造福農民、成就學生的多贏理想，已在中央山脈腳下，慈科大的園地中初見成果，未來也將持續推動擴大。

在校長羅文瑞（中）的支持下，劉威忠（左一）與耿念慈（右二）率領學生從事紅藜研究，參加美國匹茲堡 INPEX 國際發明展，榮獲一金二銀佳績，及克羅埃西亞特別獎。（照片提供／慈濟科技大學）

見證系列００１

慈悲科技 MIT

作　　者／葉子豪、黃秀花
攝　　影／顏霖沼
插畫志工／葉晉宏
總 編 輯／王慧萍
主　　編／陳玫君
執行編輯／邱淑絹
編　　輯／涂慶鐘
編輯志工／吟詩賦
校對志工／張勝美、李秀娟、林美枝
美術設計／謝舒亞

出 版 者／慈濟傳播人文志業基金會
　　　　　慈濟期刊部
地　　址／11259 臺北市北投區立德路 2 號
編輯部電話／02-28989000 分機 2065
客服專線／02-28989991
傳真專線／02-28989993
劃撥帳號／19924552　　戶名／經典雜誌
製版印刷／新豪華製版印刷股份有限公司
經 銷 商／聯合發行股份有限公司
　　　　　23145 新北市新店區寶橋路 235 巷 6 弄 6 號 2 樓
電　　話／02-29178022
出版日期／2017 年 10 月初版一刷
定　　價／新臺幣 300 元

國家圖書館出版品預行編目 (CIP) 資料

慈悲科技 MIT / 葉子豪、黃秀花著 . -- 初版 . --
臺北市 : 慈濟傳播人文志業基金會 , 2017.10
295 面 ; 15×21 公分 . -- (見證系列 ; 1)
ISBN 978-986-5726-46-1 (平裝)
1. 佛教慈濟慈善事業基金會 2. 生活科技 3. 產品
548.126　　106019018